COURSES NATURE, TRAILS ET RAIDS

s'initier et progresser

Roger CALMÉ

27, rue Saint-André des Arts - 75006 PARIS

Maquette : alphastudiocom.com

Illustrations : Roger Calmé

© Amphora février 2009

ISBN 978-285180-755-7

SOMMAIRE

1 Entraînement technique spécifique

2 Entraînement physique spécifique

À Marie, ma grande,
et nos sorties depuis toujours...

À Mathias et Nina,
qui sont mes perles.

Remerciements à tous les ami(e)s
qui m'ont aidé dans la rédaction
de cet ouvrage,
Reina-Flor, Isabelle, Dominique,
Philippe, Alexandra, Thierry, Serge,
Christophe, Florence, Corinne,
Roland, Mohamed, Benoit, Sylvain...

Au bonheur de courir encore avec eux !

Remerciements également à ASICS
qui s'est associé à cette réalisation.

PRÉFACE

Dominique Chauvelier

Depuis tout gamin, ma vie de coureur a été des plus classiques. Dans le respect de l'ordre et des distances. Dix kilomètres, semi, marathon, records à battre, courses à label, sélections, championnats... Toujours cette nécessité du parcours plat, le respect des temps de passage. Et puis ces juges, ces ordres de départ, les meneurs d'allure, les puces... La course aseptisée à l'extrême, jusqu'au jour où ce n'est plus possible. Cette routine est souvent le commencement de la fin. Comment y échapper ? Quelles illusions entretenir ? Mon jeu actuel est de proclamer au départ mon chrono d'arrivée. La marge d'erreur est minime. Je me connais trop, je connais trop ce milieu.

Alors je comprends mieux lorsque je demande à de nouveaux coureurs pour mieux les « situer » : « Quels sont vos records sur dix kilomètres ou semi-marathon ? ». Peu en possèdent, mais tous me parlent de leurs objectifs : « la Rhune » ou « les crêtes d'Espelette » pour le Basque, « le trail de Revermont » pour le Bressan, « le raid du Verdon » pour le Méditerranéen... Pourquoi iraient-ils donc avaler du bitume ?
Alors chiche, je vais aller les côtoyer sur leur terrain. Une étape du Verdon par-ci, une « Crête » par-là. Ce ne sont pas des courses pour moi, je le sais. Je me trouve trop grand, trop mince, manque de puissance dans les cannes. Je veux du « pied », je veux aller vite mais ce n'est pas possible. Ici il faut marcher les mains sur les genoux et « ch'sais » pas faire ! Pour parcourir vingt-cinq kilomètres je dois mettre à mal mon record sur marathon (!). Et lui, ce petit râblé, à qui j'ai

mis cinq minutes dans la vue lors d'un récent semi, qui me lâche irrémédiablement dans cette dernière grimpette... Je ne le reverrai plus, d'autant qu'il descend comme une chèvre. Mais j'y suis, j'y reste. C'est trop beau !

Envie de m'arrêter... je m'arrête. Personne n'en saura rien, même pas mon chrono. Je suis parti pour trois heures, alors vingt secondes de plus ou de moins. Impensable autrefois... J'avais pourtant mis les chaussures légères, celles de route, comme si... Plus de « gagne », mais le plaisir d'y être. C'est dur, c'est beau. Je rêve parfois d'être un alpiniste !

Ah ! J'oubliais la descente qui martèle les cuisses, dois-je freiner ou dévaler, comment se retenir ? Trop tard ! Un troupeau de coureurs-chamois me double. Je ne comprends plus rien, je m'en fiche, j'y étais. Pas vu de Kenyans, seulement des bergers ... Clic-clac, photo. Je la montrerai à tous mes potes de la Beauce.

Dominique CHAUVELIER

Médaille de bronze
aux championnats
d'Europe de Split (1990)
2 h 11' 24" au marathon
de Milan, 1989
1 h 02' 36" au semi-marathon
de Saint-Malo, 1992

9

INTRODUCTION

RETOUR NATURE

11

Le sport ne fait que refléter les aspirations de son temps. En l'espace de quinze ans, nos pratiques de loisir et de compétition ont trouvé dans la nature un nouveau cadre d'expression. Le trail, et plus largement toutes les courses « nature », s'inscrivent dans cet esprit. Tout comme le VTT, la randonnée, certaines glisses sauvages ou l'eau vive, la course, a pris des chemins buissonniers. Sans que le bitume soit en perte de popularité, disons simplement que le pratiquant cherche à varier ses plaisirs.

Ce qui était, il y a dix ans, une pratique marginale, le fait d'une « petite famille », s'est donc développé de façon frappante.

Un seul chiffre peut résumer cet engouement. Depuis 1998, le nombre des épreuves « nature » a été multiplié par dix, pour atteindre désormais un millier de courses dans l'Hexagone. De tous les calibres, de toutes les couleurs, on court en vert et de partout.

Et si quelques grands rendez-vous retiennent toute l'attention des médias, on compte par centaines les épreuves de village, les circuits de copains, avec ce même dénominateur, vous ouvrir le paysage. Montagne ou campagne, sentiers côtiers, grandes ou petites virées, hiver comme été, il y en a pour tous les goûts. Jusqu'aux courses les plus lointaines, altitudes et latitudes extrêmes, qui traduisent elles aussi ce besoin de prendre le large. Peu importe la forme, pourvu qu'il y ait cette proximité des éléments et des autres coureurs.

MAIS AU FAIT, COMMENT LA PORTE S'EST-ELLE OUVERTE ?

Soyez sûrs que nous n'avons rien inventé, tout juste popularisé d'anciennes habitudes. Au début du siècle passé déjà, les guides du Vignemale (Pyrénées) et ceux de Chamonix, comme les porteurs du Canigou, jouaient leur saison sur des circuits de montagne. Ailleurs dans le monde, des ascensions de volcans notamment (Java, Japon...) pouvaient allier l'effort et une recherche plus spirituelle. Quant à la pratique récréative ou strictement athlétique, elle existait au Japon et aux États-Unis, dans les années 50. Pour ne rien dire des fell runners britanniques, inspirés du cross country, et qui avaient déjà leurs épreuves en... 1870.

À l'inverse, il y a longtemps eu en France une certaine réticence à ce type de pratique... même si le milieu montagnard cultivait depuis longtemps le goût de la performance chronométrique. Les ascensions et les marches d'approche faisaient ainsi l'objet de défis. On pense à Terray et Lachenal, deux des meilleurs alpinistes de leur temps, membres de l'expédition à l'Annapurna (1950), et qui mettent un point d'honneur à bousculer les horaires d'ascension. Mais la chose reste confinée au petit milieu « spécialiste ». On la pratique entre initiés. Et lorsque des inconnus s'invitent à ce genre de défis, les avis sont unanimes et le tollé quasi général. Ce sera le cas pour les tentatives de Laurent Smagghe et Pierre-André Gobet au Mont Blanc. Sans doute, une part de susceptibilité

13

n'y est pas étrangère. Comme si ce jardin très «privé» de l'altitude restait réservé à une seule élite.

L'analyse est un rien schématique, mais ces levers de boucliers vont en tous cas jeter un nouvel éclairage sur les trajectoires d'en haut. D'avoir poussé ailleurs la trajectoire, d'avoir bousculé les images, a fortement contribué à la reconnaissance d'autres « chemins » montagnards. Moins extrêmes certes, mais sur des terrains qui échappent aussi à la norme athlétique, jusqu'ici confinée au macadam et au stade.

Les pratiques sportives ne sont que le reflet des époques dans lesquelles elles s'inscrivent. Entre l'athlétisme «pur», puis l'émergence des courses de route, on avait assisté à une première explosion du cadre. Le trail répond certainement à un besoin similaire. Sur le plan sportif, d'aborder un terrain différent, moins codifié, moins soumis à la rigueur du chrono, mais surtout plus proche de cette Nature, qui est au cœur de nos présentes sensibilités. Et ce penchant ne se traduit pas seulement au travers de quelques courses «extrêmes», strictement montagnardes, même si celles-ci continuent d'attirer l'attention des médias. La famille s'est largement agrandie. On court désormais toutes les campagnes, tous les rivages, toutes les saisons aussi. C'est ce point qui marque un profond changement des habitudes. Pluriel qui se traduit de même chez les coureurs. Là encore, on ne peut dégager un seul profil. De toutes les envies, sans exclusive particulière, amateurs de performances, de virées contemplatives, les pratiquant(e)s ne se reconnaissent pas dans un seul calibre. Tant mieux ! Parce que ce sont ces signes qui disent la vitalité d'une pratique et sa capacité d'évoluer. Le trail, comme la course route dans les années 80, a trouvé dans cette variété son meilleur argument. Sans doute lui faudra-t-il encore réfléchir son inscription, l'éthique nécessaire, le respect environnemental, la réduction de certains pelotons, tout comme la sécurité nécessaire aux trajectoires... Populaire oui, mature et responsable tout autant, il va falloir désormais gérer ce succès.

La gestion ! Un mot très sage, très adulte finalement. Tout comme le coureur qui doit maitriser sa trajectoire, la pratique d'aujourd'hui en est à ce stade de la réflexion, entre popularité et éthique. Le parcours est long, la pente changeante, certains passages techniques demandent à être négociés... Aux pratiquants, aux organisateurs, à la Fédération aussi, de bien aborder ces futurs tracés.

Roger Calmé

DÉCOUVRIR ET PROGRESSER

Que le sentier respire...

Le pluriel est de rigueur quand on parle de trail. Il n'y a pas une pratique, mais des quantités de sentiers qui partent. De tous les calibres, de tous les terrains, de toutes les saisons, la diversité est au moins aussi importante que celle... des coureurs eux-mêmes. Ils et elles viennent de partout, de la course route bien sûr, mais aussi d'autres disciplines. Quand ils arrivent sur le sentier, un marathonien, une jeune skieuse de fond, un triathlète, une adepte du 100 bornes ou un vététiste auront forcément des vécus très différents. Et que dire du débutant, qui découvre ces chemins, avec curiosité certes, mais une pointe d'appréhension?

Effectivement ce terrain nature est en lui-même une source inépuisable de questionnements. Tellement différent d'une région à l'autre, selon la saison, l'altitude, le type de relief. Comment comparer un sentier côtier et une rampe alpine, une Provençale hivernale et une lande bretonne ? Au-delà de la carte postale (très agréable au demeurant), ce sont des efforts particuliers, des gestes et des gestions que l'on doit (un peu) maîtriser. Une approche au pluriel donc qui prend en compte l'aspect physique et technique de la pratique, mais s'attache aussi à comprendre le cadre dans lequel elle s'inscrit. La Nature est diverse, les gens qui la fréquentent aussi, tout comme les sentiers et les saisons, et ça nous pose des tas de bonnes questions.

Plus qu'une bible de l'entraînement, qui vous livrerait des programmes «clés en main», l'ambition était plutôt de donner à tous quelques repères simples, pour une approche cohérente de la course nature. Comment aborder ces distances ? Se nourrir en course, se préparer à des trajectoires plus longues ? Ne pas perdre sa motivation, éviter les bobos physiques ? Conduire une saison ? S'équiper aussi ? Comme toutes les autres pratiques nature, le trail s'envisage sous un aspect global. Il y a une cohérence obligée dans son approche.

Espérons-le, ce livre a donc cherché les meilleurs angles. Sans tomber dans le millimétrique, de trouver les clés qui ouvrent le paysage, qui rendent la foulée heureuse, le geste serein. Le trail est un voyage. On peut avoir un formidable trimaran, une coque de noix, un vieux rafiot sympathique, l'essentiel est dans la trajectoire et la quiétude de l'équipage. Bonne traversée !

1

ENTRAÎNEMENT TECHNIQUE SPÉCIFIQUE

Quels que soient votre niveau et vos ambitions, la maîtrise technique est certainement aussi importante que les seules qualités foncières. En montée comme en descente, la précision des appuis et le bon placement sont des garanties d'efficacité. La maîtrise du geste et l'équilibre dans la pente permettent à la fois de vous économiser, de mieux appréhender les difficultés du parcours, tant au plan mental que physique, mais aussi de prévenir les risques de blessures.

Cet aspect technique mis à part, la montée et la descente se travaillent évidemment au plan physique. Dans la répétition des côtes, le dénivelé continu, les séquences au seuil, vous tenez les clés de vos futurs parcours nature ou trail.

MONTÉES PUISSANCE ET SOUPLESSE

Dénivelé, pourcentage de la pente, durée plus ou moins longue de l'effort : la montée fait souvent figure d'épouvantail. Il y a donc une importance primordiale à savoir s'économiser et rendre l'effort le plus efficace possible.

COURIR EN MONTÉE

Au contraire de la course sur plat, l'amplitude et la phase de suspension sont plus réduites. Le coureur se tient donc penché légèrement vers l'avant, la tête dans le prolongement du buste, les bras souples et le bassin en rétroversion (orienté vers l'arrière), à l'aplomb de la jambe d'appui.

Au moment de la propulsion, les bras participent activement, coude relevé vers l'arrière. La phase de suspension est réduite, puisque la prise de l'appui suivant se fait en hauteur.

Selon le pourcentage de pente, l'amplitude va différer, mais le placement reste similaire. Cela dit, il peut être aussi plus efficace de marcher (voir encadré). Toute la question est de bien choisir son moment. En somme de ne pas s'épuiser à courir et d'entamer ses réserves. Là encore, l'entraînement permet de mieux situer ces seuils... et de les reporter plus facilement en course.

LA MEILLEURE FAÇON DE MARCHER

Rien ne sert de courir, quand la pente devient trop raide... marchez ! Au-delà de 18-20 %, l'effort s'avère trop important pour une amplitude de foulée réduite (40 à 60 cm max.). Alors que le pas, plus économique au plan musculaire et cardiaque, peut développer 80 cm à 1 m.

Pour être efficace, le buste sera penché vers l'avant, bassin en rétroversion (inclinaison en arrière, à l'aplomb de la jambe d'appui), bras fléchis et mains qui s'appuient sur le bas des cuisses.

Au niveau du pied lui-même, le contact se fait sur toute sa surface, ce qui épargne la tension au niveau du mollet.

Au moment de l'appui, puis de la propulsion, le buste reste parallèle au sol, le genou opposé monte le plus haut possible, et le pied ne touche plus le sol que par l'avant.

Autre aspect inhérent à la marche en montée, l'enchaînement course/marche. Au moment de redémarrer, quand le terrain se fait plus roulant, la transition peut être difficile. L'entraînement permet donc de mieux gérer ces alternances.

Parce qu'elle peut être rapide, très technique, cassante parfois, la descente est certainement le secteur où les différences se font. Sans parler de l'aspect compétitif, il y a une obligation à bien gérer ces portions de terrain. Ne serait-ce que pour se préserver physiquement. Une descente bien maîtrisée, ce sont des risques traumatiques (genoux) et de blessures (chutes) réduits.

Cette phase mérite donc d'être travaillée, mais en se rappelant aussi que la descente reste un exercice traumatisant. À l'entraînement, veillez donc à réduire les linéaires, qu'il s'agisse des portions roulantes ou des secteurs techniques.

25

1 • DESCENTES EN TERRAIN FACILE

Lorsque que la pente est réduite (moins de 15 %) et le terrain stable, le coureur peut sans trop de risque rechercher une certaine vitesse. On privilégie l'amplitude dans la foulée, le corps légèrement penché vers l'avant, et l'appui se fait de l'arrière vers l'avant, en déroulant, ce qui permet de verrouiller la cheville et de réduire le risque d'entorse.

2 • DESCENTES RAIDES

Sur du terrain plus raide, la descente demande d'abord une bonne approche... mentale. Rien n'est plus préjudiciable que de refuser la pente, et cette inhibition n'est pas facile à lever. Pourtant, c'est d'elle que dépend la bonne gestuelle. Là encore, les épaules et le buste sont penchés vers l'avant. Les jambes sont fléchies, la position légèrement assise. Les bras, écartés, participent à l'équilibre. Le temps d'appui au sol est réduit, le pied toujours tonique, en contact par l'avant, très réactif. La foulée est réduite, peu d'amplitude donc, et en fréquence rapide. Enfin il est important de souligner la nécessité de l'anticipation. Deux à trois foulées à l'avance, le coureur sait déjà où il va poser son pied. Le regard est donc primordial. C'est une coordination permanente entre la lecture du terrain, une pierre stable, sur laquelle on va prendre appui, une position en adhérence, un dévers, et le pied qui va suivre cette indication, hyperréactif à ces différentes informations.

Pour aborder au mieux cette phase de course, il est donc essentiel de négocier la descente en toute lucidité. Au terme de la montée, on ne saurait trop conseiller de récupérer au plan cardiaque, avant de retrouver un rythme plus rapide.

DANSE AVEC LA PENTE...

Deux médailles d'argent aux Mondiaux de montagne (1991 et 1992), Jean-Paul Payet est le plus "capé" de nos coureurs montagnards. Un athlète complet, aussi à l'aise sur dix bornes (29' 29") que dans les ascensions sauvages. À l'origine de ses succès, un souci technique permanent, associé à une grande minutie dans la préparation.

« Il ne faut surtout pas confondre vitesse et précipitation, et se lancer à l'assaut du sentier comme un bulldozer, dans une débauche d'efforts inutiles et très coûteux en énergie, parce que vous n'aurez pas pris le temps de choisir vos appuis. Considérez au contraire cette séance comme une « œuvre d'art », comme une symphonie que vous allez jouer en harmonie avec les obstacles du terrain. Appliquez-vous à visualiser la meilleure trajectoire, celle où vous bénéficierez d'appuis solides qui ne se déroberont pas sous votre poussée. Acquérir le coup d'œil et le pied du montagnard, c'est savoir détecter, en une fraction de seconde, l'appui instable, afin de l'éviter ou d'adapter sa pose de pied pour ne pas glisser. »

Extrait de « Courir, grandeur Nature »,
éditions Edior,
Serge Moro et Isabelle Guillot.

31

1

ENTRAÎNEMENT TECHNIQUE SPÉCIFIQUE

B | S'ENTRAÎNER EN MILIEU URBAIN

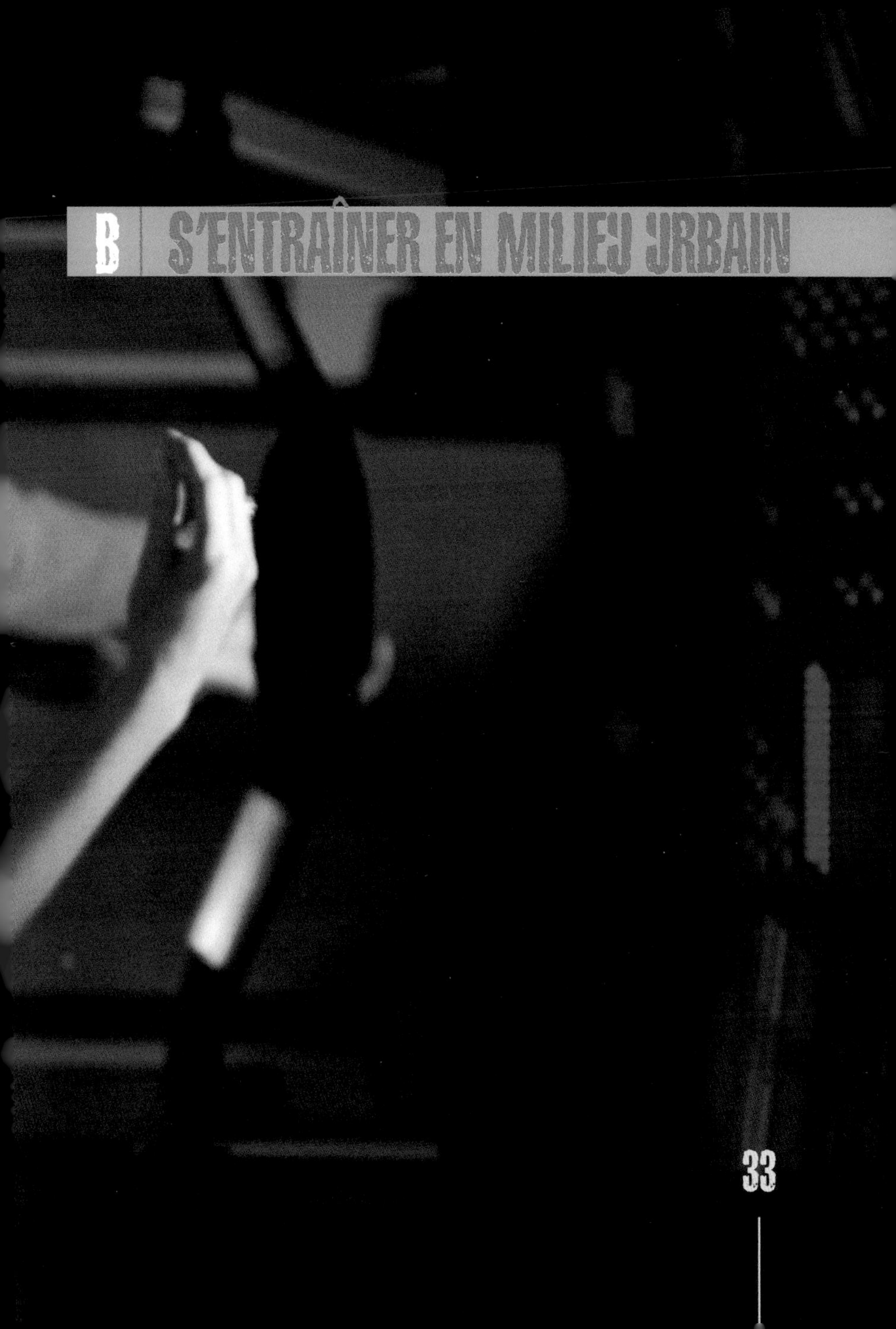

'absence de relief, des parcours limités à la route, la pollution et l'éloignement de sites verts, font que le pratiquant urbain doit trouver des alternatives s'il veut s'entraîner spécifiquement. Qu'il s'agisse du renforcement musculaire, du travail en endurance ou de l'entraînement plus spécifique, la ville possède quelques « pistes » non négligeables. La salle de sport permet ainsi de travailler au plan musculaire. Même chose avec le stade d'athlétisme où vous pouvez améliorer les qualités de résistance. Profitez aussi d'éventuelles côtes ou d'escaliers pour optimiser le rythme et le placement. Enfin, il y aura toujours un parc, avec un éventuel parcours nature, pour se familiariser avec les appuis et inscrire des séances plus longues, moins traumatisantes que sur bitume.

LA PISTE, LE PARC, LES ESCALIERS...

Comme pour les courses de route, il est toujours profitable de faire un petit tour par la piste. L'endroit idéal pour travailler la résistance, les séquences au seuil, les fractionnés... Cela dit, l'anneau synthétique peut paraître rébarbatif. Dans ce cas, le coureur va privilégier le parc le plus proche. Ces espaces verts possèdent souvent des tracés « sauvages », qui tirent profit du terrain, de ses pentes, de ses dévers... Plus que la difficulté de ces circuits, c'est leur caractère inégal qui est intéressant. L'appui doit être vigilant et tonique. De plus, vous pourrez moduler ces parcours à l'envi. Pour du fartleck ou des séances de vitesse, voilà donc un terrain plus « technique » et moins traumatisant que le macadam.

Enfin, si votre ville présente un léger relief, une colline ou même quelques longues volées d'escaliers, privilégiez une sortie par semaine sur ce type de parcours. Au plan musculaire autant que cardiaque, c'est une bonne manière de préparer les grimpettes à venir.

1

ENTRAÎNEMENT TECHNIQUE SPÉCIFIQUE

C | ASSOUPLISSEMENT ET RENFORCEMENT MUSCULAIRE

Parce qu'ils permettent de préparer le muscle et de prévenir les tracas tendineux ou articulaires, les étirements sont un poste à ne pas négliger. Avant un entraînement ou une course, vous les intégrerez donc (en douceur) à votre échauffement. Les adducteurs, les mollets, les ischiojambiers et les quadriceps feront ainsi l'objet de quelques exercices. De même, au terme de la séance ou de la compétition, vous les associerez à la récupération. Mais attention, ces étirements doivent être effectués de façon toujours progressive, jamais à froid, sans à-coup. La douleur n'est jamais le signe d'un assouplissement correctement réalisé. Abstenez-vous aussi, après un long effort, de trop solliciter les muscles et les tendons. Par contre, quelques étirements doux participent à une bonne récupération.

1 • MOLLETS ET TENDONS D'ACHILLE

Très sollicité dans les phases de montée, le mollet mérite une attention toute particulière. L'un des exercices de base consiste à s'appuyer contre un mur, plier la jambe avant et tendre l'autre vers l'arrière. La plante du pied reste bien à plat sur le sol. La bascule du bassin vers l'avant génère alors la tension sur le muscle et le tendon. Maintenir la position une vingtaine de secondes, relâcher et changer d'appui.
On peut aussi se placer en appui pointe sur le rebord d'une marche, et descendre doucement le talon vers le bas. Jambe tendue pour le mollet, légèrement pliée pour le tendon.

2 • QUADRICEPS

Les cuisses ont un rôle essentiel dans toutes les phases de course, et plus spécialement dans les descentes où elles jouent le rôle d'amortisseurs.

Se positionner en fente avant, la jambe arrière genou tendu et pied au sol. La jambe avant est pliée, perpendiculaire, dans l'axe des épaules. L'exercice peut être amélioré en tendant la jambe pliée vers l'avant, et en mettant le pied arrière, pointe en appui et tibia tendu. Maintenir 20 à 30 secondes et changer de jambe.

Variante de cet exercice, cette fois debout, en appui contre un mur, jambe tendue, prendre le pied par la main et ramener le talon contre la fesse. Rester alors le dos bien droit, sans creuser.

39

3 • ARRIÈRE DES CUISSES ET FESSIERS

Quand on travaille les quadriceps, il est toujours recommandé de solliciter le groupe antagoniste, à savoir l'arrière de la cuisse et les ischio-jambiers.

Sur le rebord d'un banc, tendre la jambe avant à l'équerre, l'arrière tendue, et le buste penché vers l'avant.

On peut aussi pratiquer ce mouvement assis, les deux jambes tendues vers l'avant, les mains sur les pointes tirant celles-ci vers soi. Le dos est droit, la tête haute.

Enfin, pour les fessiers, toujours assis, une jambe tendue, l'autre repliée. On attrape le genou par le bras opposé et on le ramène contre la poitrine. L'autre main est au sol. Faire ensuite pivoter le buste vers l'arrière.

40

4 • ADDUCTEURS

Ce groupe musculaire participe à la souplesse et à la mobilité du bassin. D'où son importance dans la recherche des appuis latéraux, en descente notamment. En position assise, cuisses écartées et plantes de pied jointes. Vous tenez vos chevilles en vous penchant légèrement vers l'avant, les coudes appuyés sur l'intérieur des cuisses. Cet exercice classique demande à être pratiqué en douceur, sans douleur sur les  tendons intérieurs des cuisses, et surtout sans mouvement ressort.

SALLE DE SPORT ET DE MUSCULATION

Le renforcement est souvent négligé. Il est pourtant essentiel à la préparation. On l'a déjà mentionné plus haut, il y a un grand intérêt à travailler les lombaires et les dorsaux qui participent au bon gainage, le meilleur moyen de s'épargner les tracas vertébraux. De même, les exercices au niveau des cuisses (ischios et quadriceps) et des mollets permettent d'améliorer les qualités en montée et descente, tout en augmentant vos qualités de résistance aux chocs et aux contraintes ligamentaires. Enfin, le coureur peut aussi travailler la qualité dynamique du pied et la réactivité de la cheville sur les planches spéciales (type kiné).

41

5 • COORDINATION ANTÉRIEURS-POSTÉRIEURS

Pour l'explosivité, on peut travailler sur du demi-squat, montées rapides et descentes lentes, très contrôlées.

Un autre exercice très profitable se réalise sur banc. Il a pour avantage de privilégier cette coordination entre les groupes antérieurs et postérieurs. Il se travaille avec haltères, et toujours sur le même principe, montée explosive et descente contrôlée, en travaillant par séries de 10, d'un pied puis de l'autre. Autre avantage et non le moindre, il prend aussi en compte la tonicité de la cheville (travail proprioceptif) et la stabilité de la hanche.

6 • MOLLETS

Plusieurs protocoles possibles. En salle, il existe une machine « mollets debout » qui permet de bien travailler, avec des charges variables, mais en ne perdant pas de vue l'amplitude du geste.

La montée en pointe se fait au plus haut, 3 secondes de contraction en position, puis descente (toujours contrôlée) au plus bas. Le muscle en bénéficie et le tendon d'Achille également.

7 • GAINAGE ET RENFORCEMENT DE LA CEINTURE ABDOMINALE ET LOMBAIRE

Il y a une abondance d'exercices sur les dorsaux et les abdominaux, mais on peut en retenir deux qui vont intéresser particulièrement les coureurs.

Allongé, face au sol, position sur les coudes et les pointes de pied. Les genoux sont légèrement fléchis et ne touchent pas le sol. Le bassin est à la même hauteur que les épaules. Levez alternativement une jambe, tenir 15 secondes en position haute, puis l'autre.

Autre exercice sur un banc, les deux mains qui le tiennent, en arrière. Le buste est incliné. Le mouvement se fait par flexion des jambes, en ramenant les genoux à la poitrine.

PROTOCOLE DE TRAVAIL SUR UN TRIMESTRE

4 SEMAINES EXTENSIF

- DEMI-SQUAT / MONTÉE SUR BANC / MOLLETS DEBOUT :
  4 x 15 répétitions
  1 min 30 de récupération entre chaque tour
- GAINAGE / ABDO :
  4 x 20 répétitions
  30 s de récupération entre chaque tour

4 SEMAINES INTENSIF

- DEMI-SQUAT / MONTÉE SUR BANC / MOLLETS DEBOUT :
  5 x 10 répétitions sur chaque mouvement
  1 min 30 de récupération entre chaque tour
- GAINAGE / ABDO :
  4 x 30 répétitions, 30 s de récupération entre chaque tour

4 SEMAINES EXPLOSIF

- DEMI-SQUAT / MONTÉE SUR BANC / MOLLETS DEBOUT :
  4 x 7 répétitions sur chaque mouvement
  2 min 30 de récupération entre chaque tour
- GAINAGE / ABDO :
  4 x 15 répétitions avec charge additionnelle
  30 s de récupération entre chaque tour

IDÉALEMENT SUR UN TRIMESTRE LES 3 CYCLES OU LE 1ᵉ CYCLE AU MINIMUM

Détermination simple des charges
- SÉRIES DE 15 RÉPÉTITIONS :
  charge permettant d'en faire un maximum de 20
- SÉRIES DE 10 RÉPÉTITIONS :
  charge permettant d'en faire un maximum de 12
- SÉRIES DE 7 RÉPÉTITIONS :
  charge permettant d'en faire un maximum de 10

Privilégiez toujours l'explosivité en phase d'effort.

47

LA PERSPECTIVE TECHNIQUE

Même si c'est une évidence, que la course a des exigences musculaires très spécifiques, il n'est pas facile de trouver des entraîneurs et des salles qui développent ce genre de réflexion. Entraîneur et B-E 2ᵉ degré, Sylvain Pelloux-Prayer s'occupe d'athlètes et de sportifs de haut niveau. Pour lui, la seule priorité est le geste technique et la finalité du terrain. La musculation doit se faire dans cette seule perspective.

« Ce serait une erreur de travailler séparément les muscles. La salle et son circuit training offrent de beaux équipements, mais ils ont ce défaut de ne pas intégrer les mouvements de coordination, une globalité musculaire. Dans l'objectif du trail, je pense qu'il y a au contraire une conception plus large, où l'on intègre l'explosivité du muscle certes, mais aussi sa préparation, au travers d'exercices de grande amplitude. Je prends par exemple les exercices de montées et descentes sur banc. C'est infiniment plus profitable que le passage par une machine, parce qu'au-delà du seul travail musculaire, il y a aussi un aspect proprioceptif, une réactivité de la cheville au sol, une stabilité nécessaire de la hanche.

Quand je vois passer des athlètes de haut niveau par la salle, il y a toujours, dans leur séance, une priorité première au geste technique. Quelle que soit la discipline, ils gardent en perspective le terrain. *Pour le trail, ce renforcement hivernal a des repères très simples. Il faut aider à la montée, prendre de la puissance, travailler en même temps les muscles freinateurs et privilégier la coordination entre postérieurs et antérieurs de la cuisse. Le mollet a lui aussi une grande importance, avec ce souci de toujours favoriser l'amplitude, ce qui est important au niveau ligamentaire et tendineux. Enfin, le travail de gainage et le renforcement de la ceinture dorso-lombaire. Tout cela en harmonie. Il y a des exercices très simples, que l'on peut travailler chez soi, en toute simplicité, et qui ont cette cohérence. »*

Infos : repgym@cegetel.net

ENTRAÎNEMENT PHYSIQUE SPÉCIFIQUE

Dans ses fondements, l'entraînement au trail ne diffère pas d'un autre entraînement course. Il s'appuie sur les mêmes piliers : l'endurance d'une part et l'amélioration de la résistance de l'autre. Sa spécificité tient donc au terrain, et à l'adaptation à celui-ci. À l'image du vélo de route et du VTT, il faut trouver les bons développements, la fréquence appropriée, dans la durée et l'intensité. Le profil des épreuves sur lesquelles on souhaite s'aligner va donc donner les premiers repères en termes d'entraînement. Et comme toujours, il est bon d'introduire une bonne dose de progressivité dans ses objectifs.

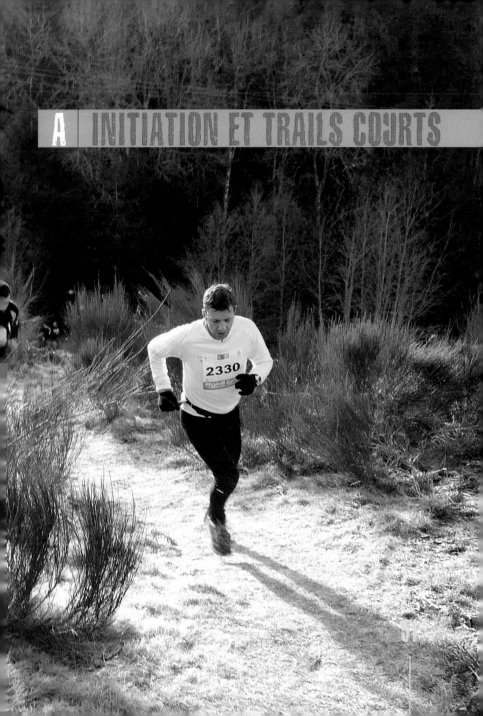

C'est une étape logique que d'aborder la course nature par son calibre court. Rien de déshonorant à cela, d'autant que ces distances, forcément plus rapides, sont aussi d'excellents tests dans une préparation. Au sortir du foncier hivernal, on a tout intérêt à caler ce type de sorties dynamiques. Enfin, pour les néophytes, voilà l'occasion de mettre les premiers appuis... et de garder le plaisir de la découverte.

Plus que la recherche de la performance, les indications qui suivent ont pour objectif de préparer le coureur à bien « vivre » sa course. En six semaines de préparation, sur la base d'une condition déjà correcte, ce type d'épreuve (entre 10 et 20 km) ne présente pas de difficulté. Tout dépend ensuite de l'ambition personnelle. De commencer donc par une bonne base foncière, d'appréhender techniquement les nouveaux terrains, puis d'introduire progressivement un peu de vitesse en résistance douce. Sans autre contrainte que le plaisir de sentir la machine capable d'accélérer et de bien négocier les difficultés du parcours.

UN PEU PLUS VITE ?

Ces premiers pas négociés et avec de bons acquis fonciers, vous pouvez maintenant enrichir le qualitatif.

1RE ET 2E SEMAINE

Lundi	50 min en endurance légère (footing).
Mardi	Repos.
Mercredi	Repos.
Jeudi	45 à 50 min sur du terrain souple, avec exercices. PPG (préparation physique générale).
Vendredi	Repos.
Samedi	1 h résistance douce. 20 min échauffement, puis alternances de 5 min plus rapides et récupération équivalente. Retour au calme (15 min).
Dimanche	Randonnée ou sortie vélo.

3E ET 4E SEMAINE

Lundi	Repos.
Mardi	1 h incluant montées courtes, accélérations, récupération, type fartleck.
Mercredi	Repos.
Jeudi	50 min à 1 h sur du terrain souple.
Vendredi	Repos.
Samedi	Randonnée (ou endurance légère de 1 h 15).
Dimanche	1 h 15 en résistance douce, échauffement, puis alternances de 6 à 7 min (6 x), récupération sur 3 min, retour au calme.

5E ET 6E SEMAINE

Lundi	1 h 15 à 1 h 30 en endurance légère.
Mardi	Repos.
Mercredi	Séance résistance douce. 5 x 3 min ou 4 x 8 min avec du dénivelé.
Jeudi	Repos.
Vendredi	50 min en endurance légère.
Samedi	Repos.
Dimanche	Course de 10 à 20 km.

53

Le kilométrage lui-même ne demande pas d'être augmenté. En revanche, on peut utilement enrichir les séances de rythme et de résistance. Cette qualité va apporter de la vitesse, mais aussi et surtout une plus grande facilité dans le travail au seuil. Le cœur monte moins vite, on se maintient à un niveau de relative aisance plus longtemps.

La clé de la progression, que l'on soit débutant ou plus expérimenté, tient donc à l'amélioration de la VO2 max. Ce volume d'oxygène dépensé durant l'effort conditionne le niveau de la performance. Or, la VO2 se travaille. Et l'entraînement en résistance (douce ou dure) est le meilleur moyen de l'augmenter.

Il est donc important, avant d'entamer ce type d'entraînement, de déterminer les différents seuils de fréquence cardiaque. Le plus simple consiste à prendre la fréquence cardiaque maximale (220 pour les hommes et 226 pour les femmes), puis de retrancher l'âge du pratiquant. Ce chiffre (FCM) peut également se déterminer sur piste (ou en labo) sur une distance de 1000 mètres, avec les 200 derniers mètres à pleine vitesse. On obtient ainsi une fréquence maximale, à partir de laquelle on détermine les pourcentages d'effort souhaités. Pour des séquences de VMA, 91 à 97 % de la FCM ; pour de la résistance active (seuil), de 80 à 89 %. Pour de l'endurance, entre 65 et 79 % de la FCM.

1 • RÉSISTANCE DOUCE, TRAVAIL AU SEUIL

À partir de votre FCM (fréquence cardiaque maximale), vous allez donc déterminer un créneau de 80 à 90 %. C'est dans cette fourchette que vos séquences au seuil vont s'inscrire, soit un rythme proche de celui de l'effort en course. Le principe consistera à alterner des portions rapides et des récupérations lentes, mais plus courtes (ou égales) à celles de l'effort intense. Une variante serait de prolonger l'effort sur un temps plus long (10 à 15 min), répété deux fois. Et de terminer enfin par un retour au calme (15 min), suivi d'assouplissements.

Exemple :
5 x 5 min à 7 min, coupés de récupérations sur 4 min
ou bien :
2 x 15 min, avec 10 min de footing lent entre les deux séquences

Tout est ensuite modulable. On peut augmenter progressivement la durée des intervalles intensifs, et se rapprocher aussi du rythme cardiaque haut. Une certitude, ne forcez jamais trop ! Ces séances ne doivent pas tourner au calvaire. De la souplesse, du placement, des sensations sont garantes d'un bon travail. Quant à la récupération, elle constitue toujours un excellent repère. Si, à son terme, vous vous sentez trop fatigué pour reprendre, aucun doute, la séance peut s'arrêter. Entamez alors votre retour au calme.

Ce type d'entraînement, calé une ou deux fois par semaine, constitue donc une première approche de la résistance. Sans être trop dure, elle permet de changer le rythme de course.

2 • RÉSISTANCE DURE OU SÉANCE VMA

Ne le cachons pas, cette partie-là reste la plus difficile, la plus pénible. De s'y astreindre demande de la volonté. Mais c'est aussi dans ces vitesses et ces rythmes cardiaques élevés que l'on va réellement progresser. D'après votre FCM, déterminez un pourcentage compris entre 90 et 95 %. Cette plage d'effort intensif se fait en dette d'oxygène. La capacité de l'organisme à encaisser ce rythme détermine votre VMA. À partir de là, le principe tient encore dans la répétition des séquences, mais cette fois brèves et plus intensives.

Exemple :
10 x 200 m à pleine vitesse, récupération sur 150 m en trottinant ;
ou encore :
5 x 300 m à 90 %, récupération sur 200 m en trottinant.

En période de préparation, ces séances hebdomadaires sont d'un excellent rapport. Mais à mesure que vous avancez dans la saison, il sera bon de les espacer (une tous les quinze jours). En tous cas, à ce point d'entraînement, il est sûr que vous pouvez maintenant envisager d'autres distances. Vous avez acquis à la fois le foncier et une base de vitesse. À vous de les exprimer désormais sur le kilométrage de votre choix.

2

ENTRAÎNEMENT PHYSIQUE SPÉCIFIQUE

Sans doute la distance référence des 42 km n'y est pas étrangère. Ce type de trail constitue toujours un objectif privilégié des coureurs de nature. Mais à la différence du bitume, l'effort est ici bien plus long. Quatre, cinq ou six heures de sentiers, avec des enchaînements de côtes, des montées continues, des descentes cassantes, font de cet effort une course forcément différente. On serait tenté de dire qu'elle demande une approche beaucoup plus globale que le « court ». Sur un plan technique déjà, la maîtrise devient essentielle. Après trois ou quatre heures d'effort et la fatigue inhérente, les franchissements techniques (descentes ou montées raides) demandent des automatismes parfaits. La gestion de course est également essentielle, qu'il s'agisse de l'effort, de l'alimentation et de l'hydratation, mais aussi d'une bonne appréhension de l'itinéraire. Enfin, il y a le « caisson » indispensable. Sur ce seul plan, trois mois sont bien nécessaires. Un point commun avec les 42 bornes bitume.

En sortie d'hiver, sur de bonnes bases, on peut donc projeter huit à douze semaines de préparation spécifique. Le travail technique y tient une place non négligeable, l'approche physique (musculation) également. Ils vous garantiront encore plus de confort sur votre futur trail.

Lundi	Repos.
Mardi	Préparation physique générale, musculation légère en côte. Montées de genoux, talons fesses, sur du sentier raide (ou salle).
Mercredi	Sortie en endurance douce (1 h 30).
Jeudi	Repos.
Vendredi	Travail de la VMA. Série de 30 s - 30 s. 95 % de la FCM et récupération sur le même temps. À répéter 10 fois.
Samedi	Sortie vélo (VTT, 1h 30).
Dimanche	Fartleck (1 h, dont 30 min au seuil), sur du terrain varié. Accélération en côtes et récupération sur les descentes.

Lundi	Repos.
Mardi	Fartleck (1 h 15 à 1 h 30), terrain varié.
Mercredi	Endurance douce (2 h).
Jeudi	Travail de la VMA en côtes répétées 5 à 8 fois 4 à 6 min.
Vendredi	Repos.
Samedi	Vélo ou VTT (1 h 30).
Dimanche	Sortie longue (2 h à 2 h 30) en intégrant si possible du dénivelé. Ou course courte sur temps équivalent.

Les quinze premiers jours, poursuivre sur le schéma du deuxième mois.
Deuxième semaine, on refait de la fraîcheur.
Deux sorties moyennes et lentes et une séance de rando ou de vélo.
Reprendre ensuite :

Lundi	Repos.
Mardi	Sortie en endurance légère, 1 h max.
Mercredi	Travail de la VMA, en côtes répétées, 5 à 8 fois 4 à 6 min. Une seule séance de ce type sur les deux semaines.
Jeudi	Sortie en résistance douce (une seule), 1 h 15, 10 jours avant la course.
Vendredi	Sortie vélo ou VTT (1 h 30) ou footing léger.
Samedi	Repos.
Dimanche	Course.

Ce type de préparation, aussi efficace soit-il, n'est jamais évident à négocier. Si, au terme du premier mois, vous éprouvez de la lassitude, n'hésitez pas à lever le pied une semaine, voire deux. Vous reprendrez ensuite les séances intensives (VMA et résistance douce). En remplacement, la randonnée peut être un excellent palliatif. Et elle aura surtout l'avantage de vous aérer l'esprit... autant que les jambes.

ENTRAÎNEMENTS EN CÔTE

Outre la maîtrise technique, indispensable à une bonne gestion de l'effort, les sorties en côtes ont également des vertus foncières évidentes. Selon l'époque, le moment de la préparation, les objectifs, ces séances vont varier. Plus ou moins longues, plus ou moins rapides, le coureur s'améliore ainsi dans la durée (montées continues) et l'intensité (succession de bosses). En fait, le schéma est sensiblement le même que celui d'un coureur de plat qui alterne des séquences intensives et des efforts plus longs, fréquence cardiaque proche de celle adoptée en course.

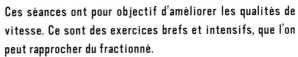

Ces séances ont pour objectif d'améliorer les qualités de vitesse. Ce sont des exercices brefs et intensifs, que l'on peut rapprocher du fractionné.

- Séries de 1 à 3 min, à répéter de 5 à 10 fois sur un rythme rapide (90-92 % de la FCM). Récupération sur la distance ou un temps ne dépassant pas celui de l'effort.
- Séries de 6 à 10 min, à enchaîner de 4 à 8 fois, sur un rythme rapide (85 % de la FCM). Récupération sur la distance.
- Séries de 20 min, à enchaîner 2 fois, vitesse course (80-87 % de la FCM). Ce qui permet de situer dans la durée vos qualités de vitesse. Ce type de séance s'inscrit dans une logique de compétition et s'adresse à des coureurs bien préparés.

DÉNIVELÉ CONTINU

Ces sorties s'apparentent plutôt à des séances foncières, où l'on travaille l'endurance, tout en améliorant aussi la qualité musculaire et la technique dans la pente.

- Montée entre 20 et 40 min, dans une pente à 15 %. En début de saison, dans un objectif de montagne, elle permet de se familiariser avec l'effort long. On augmente légèrement le dénivelé et la durée de la grimpée au fil des semaines.
- Montée au-delà d'une heure (entre 1000 et 1500 m+). Ce type d'effort s'inscrit évidemment dans un objectif montagne ou de trail long, avec un cumulé dénivelé important. Mais attention aussi à la descente qui l'accompagne souvent. Si vous en avez la possibilité, réduisez celle-ci au maximum (voiture, remontée mécanique...), ou à défaut, négociez-la en douceur, après une bonne récupération.

GRIMPEZ À L'ÉTAGE !

Quinze sélections en équipe de France de montagne, champion du monde par équipe (1992), Thierry Icart défend avec sagesse une certaine harmonie en course. Et la montée est certainement le terrain où il exprime le mieux cet équilibre. À titre de référence, Thierry aura détenu, pendant cinq ans, le record mondial du kilomètre vertical (1000 m+) en 35' 32''.

« Pour moi, la montée reste une recherche d'équilibre, entre l'effort musculaire et la respiration. Il y a une harmonie à trouver et les séances spécifiques vont y participer très efficacement. En début de saison, je privilégie donc des séances continues, des montées qui vont progressivement atteindre les 1000 à 1200 mètres, réalisées à une vitesse régulière, la respiration aussi calme que possible. C'est une façon de reprendre contact avec la pente, de travailler les appuis, la position aussi, le travail des lombaires...

La seconde phase, plus spécifique, intervient par la suite, avec des séquences en montée pure, rapides, des 4 x 6 min par exemple, menées à une vitesse élevée. Autre technique, les changements de rythme, en alternant les sections de montées et enchaîner ensuite une relance, dès que la pente se fait plus faible. L'intérêt est ici de casser le côté mécanique et forcément réducteur de la grimpée. Enfin, et ce n'est pas négli-

65

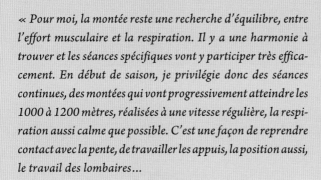

geable, je vais aussi travailler des portions de marche rapide. Trop de coureurs considèrent le passage à la marche comme un échec. C'est une erreur, parce qu'elle peut être sacrément efficace, et d'une dépense énergétique moindre que la course forcée.

Toute la question est ensuite de trouver le terrain approprié. On n'a pas tous la chance de vivre à la montagne. Et même dans ce cas, je pense que des sorties sur la piste ne peuvent être que bénéfiques. En tous cas, de casser cette monotonie du kilométrage. La progression est là, dans une recherche de la vitesse. »

Qu'il s'agisse du trail (au-delà des 42 km) ou de l'ultra (supérieur à 60 km), l'entraînement doit intégrer des sorties longues, avec un dénivelé plus important qu'à l'habitude. Mais attention là encore, ces séances ne sont pas anodines. Ce serait une grande erreur de les multiplier ou de les intégrer trop tôt à votre préparation. En règle générale, on conseille de les inclure assez tard (3 mois avant l'objectif). Il est également important de les aborder dans les meilleures dispositions mentales. En aucun cas, elles ne doivent relever de l'exercice expiatoire. Enfin, le coureur veillera à bien récupérer entre deux séances de ce type. Une moyenne de douze à quinze jours permet d'en profiter pleinement... d'autant que vous surveillerez dans le même temps votre hygiène générale (alimentation, sommeil, hydratation...).

La distance et la durée : tout dépend évidemment de votre objectif. Une sortie de 2 h 30 à 3 h, sur du terrain montagnard, s'inscrit idéalement dans la perspective d'un trail de 40 km. Plus que le bénéfice foncier, déjà travaillé durant l'hiver, cette séance permet surtout de bien se situer dans l'effort, et de mieux aborder certains postes, comme l'alimentation, l'hydratation ou le portage du sac.

Le choix des itinéraires : c'est un aspect plus subjectif, chacun(e) trace son parcours en fonction de ses priorités. Il n'empêche qu'une sortie agréable, avec un beau panorama, est autrement gratifiante qu'une trajectoire banale où l'on aligne tout juste les kilomètres. Profitez donc de cette séance longue pour donner à votre entraînement une qualité esthétique. C'est bon pour le moral, et cet entraînement (parfois rébarbatif) se digère bien mieux.

Randonnées au long cours : voilà une alternative intéressante. Plutôt qu'une séance de course pure, on peut également intégrer des journées de rando active. Le rythme est légèrement supérieur à celui de la balade, et il peut se prolonger sur une durée variable (entre 4 et 6 h). Ces séances ont une grande qualité foncière et permettent de travailler le dénivelé (2000 m, voire plus). Rien ne vous empêche non plus d'y inclure des segments de course lente.

PLUS LONG SERA LE PLAISIR

Un an et demi à peine après ses débuts en course à pied, Alexandra Rousset remportait la « Diagonale des Fous » (Réunion). Ce qui s'appelle un début prometteur... et atypique, puisque ce sont ici les (très) longues distances qui, d'emblée, lui ont fait battre le cœur. Du raid non stop donc, des courses en étapes (Lybian Challenge, Défi de l'Oisans...) et une double prédilection, pour la montagne et le désert. Dénominateur commun, le voyage au long cours.

« Deux mois avant mon objectif, je cale mes premières sorties longues. Celles-ci vont consister en de la rando-course en montagne, c'est-à-dire des séquences course sur le plat et en descente, puis de la marche dans les montées. Je commence par faire deux à trois heures le samedi et le dimanche, puis j'augmente progressivement pour arriver à huit à dix heures par sortie quotidienne. Priorité à la durée donc, mais aussi au plaisir... Je n'hésite pas à m'arrêter dans un refuge, boire un coca ou manger une tarte à la myrtille. Si je veux mettre un peu de rythme, j'accélère dans une bosse, je récupère et je remets un coup d'accélérateur un peu plus loin. Ça rompt la monotonie et ça débride le moteur. Tout ça dans la perspective finale du trail, à savoir des changements constants de rythme.

Autre aspect non négligeable, je recommanderai de bien veiller à l'alimentation et à l'hydratation. L'avantage est double :

non seulement il permet de mieux encaisser la durée, mais aussi d'habituer son organisme à ingérer toutes sortes d'aliments, en plein effort. En ce sens, une alimentation appropriée, des boissons facilement assimilables font aussi partie de mon entraînement. Tout comme le choix du bon matériel d'ailleurs, le sac le mieux approprié, les bâtons, la poche à eau... et que je peux tester sur ces grandes virées montagnardes.

En résumé, l'avantage de la rando-course est que l'on ne s'épuise pas et que l'on récupère très rapidement. Un jour de repos, et dès le mardi, vous pouvez enchaîner sur une sortie plus intensive. C'est cette association qui va permettre de durer dans l'effort et d'encaisser les ruptures de rythme, les montées plus raides, les relances. »

MATÉRIEL

Un autre intérêt de la séance longue est d'évoluer dans les conditions de course, à commencer par le port du sac, de l'eau et du petit équipement. On peut ainsi tester le confort, la stabilité et pallier les éventuels frottements. D'évoluer avec du poids sur le dos influe également sur le rythme et le placement en course. Dans la perspective d'un raid ou d'une épreuve longue de cinq à huit heures, ce sont des paramètres à maîtriser.

ASSOCIATION DE PRATIQUES

Pour réduire l'impact de la course sur l'organisme, on peut enfin associer des pratiques différentes. Une grande championne comme Karine Herry n'hésite pas à combiner la course (2 h) et une balade en VTT de la même durée. Et de réduire ainsi la fatigue (et la lassitude) inhérente à la pratique pure.

Vélo : la pratique idéale, parce qu'elle permet de travailler qualitativement, mais aussi en volume. Le VTT serait plus intéressant peut-être que le routier, avec des changements de vitesse, de rythme permanents. Mais la montagne, par le versant bitume, est très appréciable aussi.
Enfin, et c'est le grand avantage du vélo, le corps est «porté», avec un impact réduit sur les ligaments, les articulations... à cette condition de respecter des développements réduits, en rythme plutôt qu'en puissance.

Rando : parce qu'elle permet de mieux appréhender le milieu (montagne), mais qu'elle vous prépare aussi à « voyager » longtemps, à « enquiller » le dénivelé et la distance, la rando est souvent intégrée à l'entraînement. Elle se pratique à une vitesse soutenue, avec de brèves séquences de course qui permettent de garder du rythme. L'utilisation des bâtons (de marche, légers) vous aidera dans les montées et réduira surtout les impacts en descentes.

Ski de rando et raquettes à neige : en région de montagne, pas facile d'avoir en période hivernale des itinéraires de course. Nombre de coureurs changent alors de pratiques, avec le ski de rando, le nordique ou la raquette. À chacun(e) de voir ensuite ce qui lui convient. On peut évidemment pratiquer le ski alpinisme, typé compétition, mais aussi désaturer, en privilégiant la beauté et l'ampleur des sorties... Et l'on reviendra plus motivé encore sur les séances de course.

Natation : pour la seule détente, mais aussi le travail cardiaque, la piscine peut nourrir une séance hebdomadaire. Les personnes qui souffrent du dos notamment, l'affectionnent.

LA SÉANCE DE NUIT

Sur les longues distances, des ultras et des non-stop (100 km et plus), il y a toujours une phase nocturne à négocier. Et l'on peut avoir un peu d'inhibition à appréhender ces secteurs de nuit... Il serait donc utile de prévoir quelques sorties où travailler cette perception particulière du terrain. Même si les frontales sont désormais très performantes, il y aura toujours une qualité, un dynamisme de l'appui différent de la journée. L'expression selon laquelle on « lit » le terrain avec ses pieds, correspond assez bien à la technique appropriée. Le pied doit être très réactif, la foulée un peu plus haute pour s'épargner d'éventuels obstacles. Ces petits réglages vous éviteront bien des soucis dans vos futures nocturnes.

Enfin il reste l'aspect « émotionnel » de la sortie nocturne, et la nécessité aussi de s'adapter à des conditions plus rudes, quel que soit le terrain, montagnard ou campagne. On pense ici à des courses comme la Saintélyon, qui se court en entrée d'hiver. La pluie, la neige, le vent rendent ce tracé entre Saint-Étienne et Lyon aussi rustique qu'une... hivernale montagnarde.

On pourrait certes copier Éric Tabarly qui dormait sur son balcon, au plus froid de l'hiver, dans sa préparation aux rigueurs de la Transat. Sans aller jusque là, placer quelques séances aux douze coups de minuit n'a rien d'inutile. Déjà, on maîtrisera mieux l'équipement (gants fins ou plus épais, collants chauds, épaisseurs de vêtements souhaitées selon l'allure, éclairage performant...). De même le réglage technique demande quelques attentions, mais surtout, mentalement, ces sorties permettront de se régler dans un environnement qui peut être intimidant, où les repères sont absents. Sur sentier, la vigilance permanente est éprouvante, et la lecture du terrain n'est pas évidente. Quant à l'alimentation et l'hydratation, notre corps a des besoins assez similaires au milieu diurne. À cette différence près que le froid accepte des charges en sucres légèrement supérieures à la journée.

2

ENTRAÎNEMENT
PHYSIQUE
SPÉCIFIQUE

C | ULTRAS, LA TRÈS LONGUE DISTANCE

C'est un chapitre qui échappe à la norme. À l'image même de l'effort, une respiration très particulière, où les recommandations générales n'ont guère de prise. Chacun(e) va trouver sa petite musique, son rythme propre... et le meilleur moyen de se préserver. On aurait envie de dire que l'ultra tient un peu de la philosophie. Le « Connais-toi, toi-même » est ici parfaitement approprié.

Il reste néanmoins quelques règles de base que l'on va ensuite moduler. Première, et non la moindre, ne surchargez pas votre volume d'entraînement. Les premiers kilomètres de l'Ultra Trail du Mont Blanc (UTMB) le démontrent chaque année. Et ce n'est pas la difficulté du terrain qui est la raison de tous ces abandons, mais la conséquence d'entraînements trop lourds et des tracas qui en résultent, tendineux notamment. Plutôt qu'une surcharge kilométrique, travaillez encore et toujours la qualité. Prenez aussi le temps du repos entre les séances ou les trails longs. On est étonné parfois de voir de bons coureurs aligner sur des périodes courtes des épreuves de 50 à 60 km. Ces confrontations laissent des traces, micro-traumatismes, usure de l'organisme, lassitude aussi... Sur le plan psychologique autant que physique, la préparation au long demande de la fraîcheur.

Cela dit, toutes ces précautions ne doivent pas faire oublier qu'il faut néanmoins... courir. On ne prépare pas un ultra en trottinant deux ou trois fois par semaine. Rappelez-vous aussi que la meilleure des préparations n'est jamais garante de succès. L'ultra est définitivement une discipline à part. Sur dix ou treize heures d'effort, la lassitude, les courbatures, l'hypoglycémie et quantité d'autres tracas peuvent prendre des proportions réellement invalidantes. La préparation est donc physique, mais mentale plus encore. C'est une école d'humilité, de force et de conviction, un voyage « en soi » au sens fort du terme.

À titre d'exemple donc, sans autre prétention que de donner une idée d'entraînement, voici une préparation de douze semaines. À vous de lui trouver ensuite le bon tempo. Le long est aussi une aventure. Vous seul en détenez les clés.

1RE À 3E SEMAINE

Mardi	Entraînement en intervalle (8 x 30 / 30"), à pleine vitesse (97 % de FCM), répétés deux fois, 15 min entre les deux séries. Puis retour au calme (15 min).
Jeudi	Sortie en endurance (1 h 30).
Dimanche	Sortie endurance de 1 h 30 à 2 h, entre la 1re et la 3e semaine.

4E SEMAINE

Mardi	Séance d'endurance (45 min).
Jeudi	Séance de fartleck, alternance de sections rapides et lentes, selon l'envie sur terrain vallonné.
Dimanche	Séance d'endurance (1 h 30).

5E À 7E SEMAINE

Mardi	Entraînement en intervalle (8 x 30 / 30"), à pleine vitesse (97 % de FCM), répétés deux fois, 5 min entre les deux séries. Puis retour au calme (15 min).
Jeudi	Sortie en endurance (1 h 30).
Dimanche	Sortie en endurance, de 2 h à 2 h 30, entre la 5e et la 7e semaine.

8E SEMAINE

Mardi et jeudi	Deux sorties de 45 min lentes.
Dimanche	Sortie de 1 h dont 35 min au seuil.

9E À 10E SEMAINE

Mardi	Entraînement en intervalle (8 x 30 / 30"), à pleine vitesse (97 % de FCM), répétés deux fois, 5 min entre les deux séries. Puis retour au calme (15 min).
Jeudi	Sortie en endurance (1 h 30).
Dimanche	Sortie en endurance, de 2 h 30 à 2 h 45 sur les deux semaines.

| Mardi et jeudi | Deux sorties de 45 min lentes. |
| Dimanche | Compétition. |

*30 / 30, soit 30 s de course et 30 s de récupération active (marche ou trottinement).

Avec l'aide de Philippe Billard et d'Emmanuel Lamarle (Ultrafondus magazine).

79

2

ENTRAÎNEMENT PHYSIQUE SPÉCIFIQUE

D | L'APPROCHE DE LA MONTAGNE

Le relief constitue toujours, pour la plupart des pratiquants, le terrain de trail par excellence. Cela tient évidemment au décor, à sa démesure, à l'ampleur de l'effort et à la solitude qu'il implique. Il y a dans la course montagnarde une image d'engagement. Les coureurs étrangers au milieu l'abordent donc souvent avec une pointe d'appréhension. Et c'est tant mieux! Ce respect (nécessaire) peut éviter bien des galères. Cela dit, la montagne s'apprend, elle se maîtrise, à défaut de se dominer. Et dans cette optique, il sera toujours bon d'inclure une semaine d'entraînement spécifique. On peut ainsi travailler le physique, les aspects techniques inhérents au terrain, et le mental tout autant.

En une semaine de temps, difficile de conduire un entraînement à proprement parler. En revanche, ce séjour aussi bref soit-il, peut être une excellente occasion de séances techniques (descentes), de travail en rythme (enchaînements de montées), avant de conclure par une belle virée (randonnée longue) et (ou) une sortie course intégrant un certain dénivelé. Ces premiers repères vont vous convaincre très vite, et la montagne devenir un terrain de jeu privilégié.

SEMAINE DE DÉCOUVERTE MONTAGNE

1er jour	Sortie de 50 min à 1 h sentier vallée, 75 % de la FCM.
2e jour	Travail en côte, enchaînement de 6-8 montées de 3 à 6 min.
3e jour	Relâche.
4e jour	Sortie montagne entre 1 h et 2 h, 600 à 800 m+, sur sentier de rando.
5e jour	Sortie de 50 min, récupération.
6e jour	Randonnée active à la journée. Bon rythme de marche.

À force de voir ou de lire des récits d'entraînement en altitude (Éthiopie, Kenya...), la question peut se poser du bénéfice physiologique de ce genre de séjour. Réponses plus que nuancées ! De vivre haut et de s'entraîner à la même altitude, ne démontre pas une efficacité remarquable. Les études conduites prouvent effectivement qu'il y a un enrichissement du sang en globules rouges (augmentation de l'hématocrite). Mais en même temps, l'hypoxie (baisse de la concentration d'oxygène) induit des vitesses moindres, trop éloignées de la compétition, et une perte des repères gestuels. Pour un(e) athlète de haut niveau, ce ne serait donc pas la bonne solution. En 1997, deux chercheurs américains relancent le débat en ouvrant une autre porte.

Ben Levine et Jim Stray-Gundersen (Stray-Gundersen J, Chapman RF, Levine BD, "Living high training low") suggèrent plutôt le séjour en haut et l'entraînement à un étage inférieur. En somme de fabriquer des globules rouges la nuit, et d'utiliser cette hématopoïèse en vallée.

C'EST LÀ-HAUT QUE ÇA SE PASSE !

Un précurseur. De ceux qui ont défriché le terrain. Avec Laurent Smagghe déjà, ils innovaient en traçant le premier « Défi de l'Oisans ». Puis il y eut toutes les autres courses montagnardes et l'organisation de grands ultras, comme les Glaciers de la Vanoise, ou de raids à l'image du Beaufortain et de la Grande Traversée des Alpes, un monument du genre. Aujourd'hui, Philippe Delachenal organise aussi des stages montagnards. Avis plus qu'autorisé.

« Première façon de se préparer, la plus évidente sans doute, des sorties régulières en montagne. L'hiver, en ski et en raquettes, et l'été, en faisant de la montagne « à vaches », sur des petits sommets à 2000 mètres. On peut donc profiter de la période entre mai et juin pour caler ses premières ascensions, au moment où les massifs commencent à déneiger. Vous alternerez alors des séquences de marche rapide, et quand le terrain le permet, des sections de course, sur quelques centaines de mètres. Une bonne façon de mettre du rythme, en prenant aussi la mesure de la pente.

L'autre façon de se préparer est de passer une semaine en altitude, quinze jours avant une course de montagne. Dans les années 90, les candidats à l'ascension du Mont Blanc employaient cette technique. Sans dormir aux Grands Mulets, à plus de 3000, on peut donc choisir un point haut où séjourner, en station ou refuge. C'est un excellent moyen de faire des globules rouges, et d'améliorer ainsi sa capacité à l'effort en altitude.

Enfin, il existe désormais des stages qui vous apportent, sur le plan technique, une meilleure approche du terrain, de la gestuelle et de la gestion de l'effort montagnard. Pour des coureurs qui ont déjà une bonne expérience, ce sont d'excellents moyens de se familiariser avec ce contexte d'altitude toujours particulier. Pour une épreuve avec de longs passages à plus de 2500 mètres, ce type de stage, une semaine avant la course, peut être sacrément bénéfique. Le seul moyen de bien appréhender ensuite, sur un plan physiologique autant que psychologique, les séquences d'altitude. »

QUELQUES RÈGLES À NE PAS OUBLIER AVANT DE PRENDRE LA MONTAGNE

1 • Étudiez bien votre itinéraire avant de partir. Et ne vous surestimez pas... Attention aux terrains dangereux, éboulis, névés, dalles exposées.

2 • Soyez attentif à la météo. Il y a des infos locales très précises qui vous éviteront les « galères » (orages, chutes de neige, avalanches...).

3 • Informez vos proches de votre parcours et de vos horaires approximatifs.

4 • Partez bien équipé. Les conditions peuvent très vite changer.

5 • Évitez les sorties tardives en fin de journée. En cas de pépin, la nuit peut être un vrai piège.

6 • Soyez enfin respectueux du milieu. La montagne (et tous les sites naturels !) mérite mieux que d'être dégradée par les déchets (emballages papier, tubes de gel...). De même respectez les sentiers, évitez de couper les virages. Ces impacts répétés accélèrent le ravinement et la disparition du tapis végétal. Un comportement responsable est aussi la marque d'un vrai coureur de nature.

2

ENTRAÎNEMENT PHYSIQUE SPÉCIFIQUE

Elle a ses bourgeons, ses coups de chaud et de froid, ses moissons : l'année du coureur de trail enchaîne ainsi les périodes. Pour que la belle saison le soit vraiment, elle pose donc quelques fondations. C'est le travail foncier et le développement de la VMA que l'on conduit généralement l'hiver. Sur ces bases (solides), l'entraînement peut ensuite développer des qualités plus pointues, qu'il s'agisse des grandes sorties foncières, du travail en dénivelé, ou de la VMA intensive.

Autres repères essentiels, les premières courses, où (re)prendre ses marques, courtes, plutôt rapides, qui confirment aussi le rythme acquis en fin de préparation hivernale. Le printemps se rapproche alors... et les premiers rendez-vous costauds du calendrier. Ce sont d'excellents tests, qui vous permettront de faire le point. Mais si vous avez prévu quelques grandes courses estivales (40 km et au-delà), gardez le pied léger. L'erreur trop souvent répétée tient à l'accumulation des épreuves. On gagne effectivement en kilométrage, mais on perd en fraîcheur.

Une saison bien équilibrée alterne donc les phases de travail et les périodes plus calmes. Au moment d'aborder les trails de l'été, sachez lever le pied, réduire les entraînements durs (VMA et seuil) et les sorties longues (au-delà de 2 h 30). Celles-ci ne vous apportent plus rien et ne font qu'accumuler la fatigue. De même, après une épreuve d'envergure, si la lassitude pointe, n'hésitez pas à relâcher. L'automne n'en sera que meilleur. D'autant que l'arrière-saison, elle aussi, a ses grands rendez-vous. En somme, votre année doit trouver son rythme. C'est à la fois une garantie d'efficacité, mais aussi de respect du corps.

UNE AUTRE TRACE

Son palmarès est l'un des plus beaux d'Europe. Christophe Jaquerod a remporté ce qui se faisait de mieux, en Suisse (Dents du Midi, Sierre-Zinal...) comme en France (Merrell Serre-Chevalier, Ventoux, Aubrac...), et sur toutes les distances possibles, de la course de montagne aux ultras (UTMB, Diagonale des Fous, Templiers...). Mais quel que soit le registre, il insiste toujours sur la nécessaire mesure et une bonne dose d'harmonie. Pour qu'une saison soit belle et qu'elle respire bien, ce vrai montagnard n'hésite pas à « abandonner » parfois la course, et à se ressourcer sur d'autres traces. Son retour au sentier n'en sera que plus réussi.

« Tout dépend évidemment de la région où l'on habite, mais dans mon cas, je trouve important, en décembre et janvier, de couper avec la course. Même si je trottine un peu, une ou deux fois par semaine, ces deux mois sont surtout consacrés au ski de randonnée... et sans exigence de chrono ou de travail spécifique. Ce sont des virées en montagne, pour le plaisir de la neige, de faire des beaux sommets, de descendre des couloirs, quand ils sont en condition. C'est bon à tous les niveaux, tu approches la montagne avec respect... et tu repartiras ensuite dans l'entraînement avec une envie renouvelée.

Ensuite, tout est très progressif, dans le choix des courses bien sûr, le volume d'entraînement et la qualité tout autant, les

91

séances au seuil et la VMA. Je pense toujours qu'il est important d'augmenter doucement ses distances et de rester très à l'écoute des sensations. Je commence donc par des épreuves de 3 h 30, comme le Ventoux, puis un peu plus long... Mais honnêtement, il reste difficile de prévoir le bon dosage, ce que l'organisme est prêt à supporter. Les sensations nous informent... et certains coups de fatigue tirent le signal d'alarme. La coupure s'impose alors. Mais elle peut intervenir à des moments parfois surprenants. Tout va très bien, tu fais d'excellents résultats et puis tu connais un gros passage à vide.

À tous celles et ceux qui débutent, il y a donc une vraie nécessité de monter tout doucement le kilométrage, de trouver une pratique alternative. Ca peut être la raquette, le ski, le vélo, et de l'aborder en douceur, pour le seul plaisir. Enfin pour ce qui concerne les très gros défis... prenez votre temps. J'ai eu la chance, en Suisse, de monter les distances sur plusieurs années. Tout simplement parce que les ultras, tels que nous les connaissons aujourd'hui, n'existaient pas. Ca a été une vraie chance, et une façon de préserver aussi la santé. C'est un piège, réellement, de succomber au côté très médiatique de certaines épreuves, type UTMB. Si telle est votre ambition, d'aller vers ces très longues distances, préparez-vous harmonieusement, sur plusieurs années, et ne croyez pas que les programmes, bien stricts, bien ficelés, soient la seule clé de réussite. »

Cycle 1 — PRÉPARATION DE BASE

8 à 10 semaines - Idéalement placées à l'automne et en début d'hiver
- Travail foncier (sorties de 1 h, lentes),
préparation physique générale (PPG), sur 3 semaines.
- Puis inclure séquences de VMA courte (30 s à 1 min)
et au seuil (20 min) à partir de la 4e semaine.

Cycle 2 — AFFÛTAGE

8 semaines (janvier-février-mars)
- Reprise des entraînements spécifiques (travail en côte,
montées continues).
- Foncier (sorties de 1 h 30 à 1 h 45).
- Séances techniques, travail proprioceptif.
- Premières courses sur distances courtes.
- Priorité vitesse et dynamisme.
- Éventuellement quelques cross.
- Trails d'hiver, puis de printemps.
- Sorties plus longues (2 h à 2 h 30).

Cycle 3 — OBJECTIFS DE L'ÉTÉ

- Préparation courses longues, dénivelé, randonnées montagne...
- Espacement des séances VMA et du travail au seuil.
- Réduction des sorties longues.
- Quelques grands rendez-vous, suffisamment espacés
(environ 20 jours entre deux 45 km).

Cycle 4 — RELÂCHE DE MI-SAISON

- Après une course phare, relâche de 15 jours.
- Un peu de pratique alternative (vélo).

Cycle 5 — REPRISE DE FIN D'ÉTÉ OU D'AUTOMNE

- Selon les objectifs de la fin d'année, reprise de l'entraînement,
quelques sorties moyennes (1h 30 à 2 h) et de la vitesse (seuil)
pour la dynamique.
- Grande course de clôture.

Cycle 6 — REPOS

3 semaines à 1 mois
- Cette coupure totale permet de récupérer physiquement et
mentalement.

93

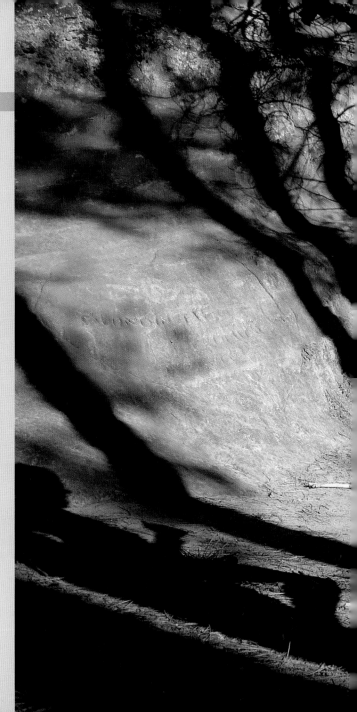

3

APPROCHE ET GESTION DE LA COMPÉTITION

Même si elle n'est pas l'unique finalité de l'entraînement, la compétition permet aussi de valider votre préparation. Au-delà de la confrontation au chrono ou au classement, elle rythme votre saison et pose des échéances toujours stimulantes.

On aurait bien tort de négliger ces instants qui précèdent le départ. La course commence bien avant le coup de pistolet ou la sirène des pompiers. Le petit déjeuner (voir alimentation) a bien sûr son importance, de même que la pré-hydratation. Bien se nourrir, suffisamment à l'avance, bien boire, mais aussi préparer son sac. La météo du jour est à prendre en considération. Vous allez peut-être basculer un col d'altitude, prendre un grain, affronter une pluie cinglante... Quelques grammes de plus dans le sac ne sont rien. Le coupe-vent, la petite polaire, la casquette, mais aussi les lunettes solaires en altitude seront bien utiles. Chaque terrain, chaque saison a ses plaisirs (et ses contraintes). Un sac bien fait traduit la bonne compréhension du milieu.

Vérifier enfin les petits détails, les horaires et le lieu du départ... Ce n'est rien, mais ça peut vous épargner quelques tracas et énervements.

Ne négligez pas non plus votre échauffement. Ce n'est pas de l'énergie gaspillée, mais une nécessité physiologique autant que psychologique. Selon vos besoins et votre âge, cette mise en chauffe se limite à un léger footing (15 minutes), suivi de quelques lignes droites, plus dynamiques. Ce coup-là, vous pouvez rejoindre la banderole...

PRÉPARATION DES PIEDS

Ils sont nos « pneumatiques ». La plus performante des machines ne roule jamais très loin sans des pneus bien préparés. En amont de la course, le pied se soigne donc. Lorsque le terrain est humide, toutes les conditions sont rassemblées pour que le frottement génère des ampoules. Il existe des crèmes très efficaces contre ce genre de désagrément. À utiliser le matin de l'épreuve bien sûr, mais quelques jours avant aussi... en associant ce soin à une visite au pédicure. Éliminer les peaux mortes, tailler correctement les ongles prévient l'apparition de ces "bobos".

ÉCHAUFFEMENT DE L'ENTREJAMBE

De même que les pieds, l'intérieur des cuisses peut douloureusement pâtir du frottement. La chaleur et la transpiration associées provoquent cette irritation (très pénible). On peut donc, là aussi, recourir à la crème antifrottements et lui associer le port d'un cuissard ou d'un collant mi-long.

PROTECTION DES TÉTONS

Autre zone de frottement, entre le maillot et la peau cette fois, l'extrémité des tétons, assez sensibles à l'humidité aussi. L'irritation va souvent jusqu'au saignement. Vous pouvez efficacement prévenir ce bobo en recouvrant les pointes avec du tissu adhésif.

HYPOGLYCÉMIE DE REBOND

Le coup de pompe (souvent inexpliqué) qui vous cloue au sentier après une heure ou moins de course. La raison de cette hypoglycémie tient à la production d'insuline. Quand vous absorbez une boisson contenant des sucres (saccharose ou glucose), l'organisme produit donc de l'insuline. Cette dernière a pour fonction d'Indiquer à l'organisme le stockage nécessaire des sucres. Quand vous entamez un effort long et intensif, ce même organisme puise dans ses réserves de glucose. En combinant ces deux phénomènes, la production d'insuline et la conduite de l'effort, on aboutit à une baisse rapide du glucose dans le sang en dessous de la valeur normale. D'où l'appellation d'hypoglycémie de rebond. Et ce coup de bambou s'avère fatal ! Le choix de la boisson d'attente est donc primordial : peu chargée en sucres, ou prise suffisamment à l'avance (1 à 2 h).

GESTION

Le départ est toujours un moment stratégique. Une sorte de délivrance, forcément grisante... et dont il faut se méfier. Sans vouloir ici privilégier une tactique plutôt qu'une autre, il faut bien admettre que les départs « canons » sont une erreur fréquente et qui altère souvent les fins de course. Le piège est d'autant plus grand que certains parcours affichent des débuts de course roulants. On se laisse alors prendre par le rythme, et les premières difficultés vous cisaillent le mollet. L'étude du parcours, une possible reconnaissance du terrain, permettent de déjouer l'embûche. L'idéal serait donc d'opter pour une certaine sagesse (sans s'endormir) et de monter progressivement le rythme.

Idéal mais jamais évident ! Le negative split, cher au marathonien, n'est pas toujours simple sur une course aussi longue. Plutôt qu'un plan pré-établi, et souvent difficile à tenir, le meilleur repère est de bien se connaître. Sur la base de vos sorties longues, de vos sensations au terme des entraînements, calez une vitesse proche, et modulez selon les impressions du moment. Vous êtes parti pour un long voyage. Il y aura des baisses de régime, des éclaircies, des coups de chaud, des coups de froid... À prendre avec philosophie ! À la différence du bitume, où le coup de fatigue est rédhibitoire, le trail a cette particularité d'alterner les humeurs. On peut être très mal à un moment et reprendre du « poil de la bête » un peu plus loin. C'est cette complexité aussi qui fait son intérêt. Vous pouvez ensuite réduire autant que possible la notion d'incertitude, avoir une approche très attentive de l'hydratation et de la nourriture, de la météo, du parcours... Mais il restera toujours une part d'incertitude et de fluctuation.

Autre élément de la gestion, et non le moindre, l'attention permanente que l'on doit porter au balisage (peinture et (ou)

99

rubalise). Les meilleurs le savent bien. Il suffit d'une seconde pour rater un embranchement et perdre toute chance de bien figurer. Le balisage est donc souvent au centre des discussions d'arrivée. Certains l'ont jugé trop insuffisant, mal placé, d'autres au contraire apprécient sa légèreté. Quelle que soit votre sensibilité, restez sur vos gardes. Ne suivez pas de trop près vos collègues. Cette position a tendance à endormir la vigilance. Et des groupes de coureurs entiers prennent ainsi le chemin... buissonnier. Disons quand même que les organisateurs ont, dans leur grande majorité, pleinement conscience du problème. Le balisage est bien placé, les endroits techniques, voire dangereux, annoncés à l'avance, de même que les ravitaillements, et parfois même l'arrivée. N'en demandez quand même pas trop, le trail n'est pas un 10 bornes bitume.

Une fois la banderole franchie et le chrono arrêté, la récupération tient une importance capitale. Trop souvent négligée, elle conditionne pourtant les jours qui suivent. Et au-delà, c'est d'elle que dépend aussi la saison toute entière. Une bonne récup' est une assurance santé essentielle, une garantie de mieux vivre l'enchaînement des courses.

Aussi difficile ait été l'épreuve, premier réflexe, ne coupez jamais brutalement. Au contraire, passez quelques minutes pour reprendre votre souffle, continuez à trottiner (10 à 15 minutes), si possible sur du souple. Ce retour au calme est d'autant plus profitable que vous l'accompagnez de légers assouplissements, mais surtout d'une réhydratation rapide. Vous n'en apprécierez que mieux la douche, avant de vous préoccuper des bobos éventuels, douleurs en tous genres, qui peuvent accompagner un effort long.

S'il s'agit de courbatures, le repos s'impose (trois à cinq jours) et le retour à l'entraînement, même léger, se fera toujours progressivement. Dans les heures qui suivent la course, le bain chaud n'a rien d'un luxe. La prise éventuelle d'un antalgique (type aspirine ou paracétamol) et l'application d'un gel vont aussi améliorer le confort. Mais attention, ces démarches médicamenteuses ne concernent que des douleurs superficielles, ne relevant d'aucune pathologie sérieuse. Lorsque le mal perdure, la consultation devient obligatoire.

Autre question souvent posée, quel est le meilleur moment pour la reprise de l'entraînement ?
Tout dépend de la difficulté de la course et de l'état de fraîcheur de chacun(e). En règle générale, la semaine qui suit est à placer en « repos actif ». On attendra trois jours pour trottiner, émailler la séance de quelques assouplissements, et privilégier des pratiques alternatives, comme la natation ou le vélo. L'avantage est ici de moins solliciter les tendons, tout en permettant une bonne ré-oxygénation. En tous cas, prenez votre temps. On évite ainsi pas mal de lassitude, tant physique que mentale.

Même si le trail est moins compétitif que la route, que le rythme est sensiblement différent, l'erreur serait effectivement de trop enchaîner les épreuves. La récupération ne concerne pas seulement l'immédiate après-course, mais aussi des périodes, à l'intérieur même de la saison. « *Beaucoup de perturbations apparaissent en effet au fil des efforts.* » Denis Riche, l'un des spécialistes français de la nutrition d'effort, lui-même pratiquant régulier en montagne, l'explique par « *l'épuisement répété du glycogène, la casse musculaire, la déshydratation, la fatigue cérébrale ou encore les pertes de minéraux, pour ne citer que les principales.* »

Une après-course bien gérée permet en une petite semaine d'effacer les traces (visibles) de l'effort. Mais il y a d'autres séquelles plus sournoises, qui ne font que s'aggraver au fil des épreuves. Pas mal de blessures en fin de saison n'ont d'autre explication que le surmenage, les enchaînements, l'entraînement trop intensif... C'est dire toute l'importance du repos, des périodes plus légères en cours d'année, mais surtout d'une vraie coupure au terme de votre saison et d'une phase de régénération. On partira alors plus volontiers pour la période hivernale (foncière), au mental comme au physique.

3

APPROCHE ET GESTION DE LA COMPÉTITION

Elles se comptent sur les doigts des deux mains, mais ces épreuves neige constituent désormais l'une des balises de la saison. Et les plus connues, à l'image du Trail Blanc (Serre-Chevalier), peuvent attirer un bon millier de participants. L'explication tient déjà à leur aspect ludique, le plaisir de courir dans le Grand Blanc, avec des sensations très différentes du sentier habituel. Enfin ces courses offrent une bonne occasion de se tester, en plein hiver, sur des parcours généralement plus courts, très nerveux. Pour le plaisir, comme pour le chrono, à aborder par le bon bout.

TECHNIQUE

Sur ce terrain exigeant, très sollicitant au niveau musculaire, il est primordial de savoir s'économiser. L'appui est donc plus rasant, l'élévation des genoux réduite, et pour minimiser le risque de glissade, on veille à poser le pied à plat. La vitesse en pâtit certes, mais la motricité est meilleure. En fait l'appui se rapproche un peu de celui que vous posez sur le sable, avec la même recherche d'efficacité... et une certaine puissance nécessaire à la gestion du terrain profond. En montée, la position reste la même que sur le terrain habituel, penché vers l'avant, les mains sur le haut des cuisses dans les fortes côtes. Quant à la descente, même engagement vers l'avant, qui assure le bon relâchement musculaire.

GESTION

Succession de côtes, passage de « profonde », secteurs gelés, relances rapides : les épreuves de neige, plus encore que le trail estival, ont cette particularité de multiplier les terrains... et donc les allures. Ce qui demande une bonne gestion, des départs prudents, et sur les secteurs physiques (côtes, passages de neige non damés, devers glacés...), de savoir lever le pied. Cette prudence est toujours payante, et la fin de course n'en est que plus facile.

ALIMENTATION ET HYDRATATION

Même si les besoins en eau sont légèrement réduits par temps froid, il convient néanmoins de s'hydrater régulièrement. Une précaution indispensable, qu'il s'agisse de compenser les pertes liées à la transpiration, mais aussi d'assurer le transfert des sucres (voir chapitre hydratation) au plan digestif.

Sinon, les règles seront les mêmes que pour un trail estival. Une quantité d'un litre par heure, en quatre-cinq prises, est généralement suffisante. Petit détail technique, pour les poches à liquide (type Camelback), rappelez-vous que l'eau peut geler dans le tube extérieur. Il est donc plus prudent de l'équiper d'un manchon isotherme.

Sur le plan de la nutrition, mêmes repères, les gels, les boissons énergétiques sont bien adaptés à l'effort, mais à condition de ne pas être trop chargés en sucre (hypotoniques), et d'être associés à une bonne quantité d'eau (500 ml pour un gel).

ÉQUIPEMENT

Tant pis si la chose relève d'une évidence, mais en hiver, sur neige, la qualité de l'équipement est encore plus sensible que l'été. Un petit coup d'œil à la météo s'impose donc. Souvenez-vous aussi que les départs matinaux sont souvent frisquets. Toute la question est ici de garder la chaleur corporelle, mais en évacuant la transpiration liée à l'effort. Pour cela, les matériaux modernes (polyester) sont parfaitement adaptés. La fibre textile est hydrophobe (elle n'absorbe pas l'eau comme le coton), et elle transfère l'humidité vers l'extérieur. Ainsi le vêtement sèche-t-il mieux. Ce qui peut donc se résumer à un tee-shirt technique à manches longues, une polaire (200 mg) et un éventuel coupe-vent respirant. Enfin, un petit sac à dos (10 l) pour ranger au besoin les épaisseurs superflues. Pour le bas, un collant chaud est conseillé, de même que le port de guêtres sur des chaussures elles aussi adaptées (membrane Gore-Tex ® ou similaire). Notez enfin, pour des épreuves verglacées, certains modèles équipés de picots métalliques ou encore la pose de « chaînes » qui assurent une meilleure adhérence.

LE KILOMÈTRE VERTICAL

Difficile de faire plus simple... Le « kilo vertical », c'est du concentré d'effort, le plus vite, le plus court, sur 1000 m de dénivelé. Non, aucun risque de migraine... tout juste l'assu-rance d'une bonne suée. Parce que cette distance « express » est du genre cardiaque. En moyenne de quarante-cinq minutes à une heure d'effort, droit dans la pente, le muscle qui se tétanise et le cœur qui s'emballe. Cela dit, voilà aussi une excellente préparation aux distances courtes et à la course de montagne, tant sur le plan physique que technique. Et ce n'est pas un hasard si quelques grands champions, à l'image d'Isabelle Guillot ou Marco de Gasperi, continuent de les aligner. Qu'il s'agisse de la gestuelle, de la maîtrise des secteurs raides, un moyen incontournable de se jauger... et de s'améliorer.

Sur ce type de relief, forcément violent, la marche s'avère plus efficace que la course. En tous cas, le coureur doit bien maîtriser l'association des deux. Dans les tronçons les plus pentus, avant d'y être obligé, n'hésitez donc pas à adopter ce type de progression, le buste penché vers l'avant, quasi parallèle au terrain, les mains sur le haut des cuisses qui aident au moment de la poussée, les pieds écartés, et une recherche d'amplitude optimale entre les appuis. Un geste essentiel à travailler, tout comme la transition course qui va suivre. Ce changement de rythme est toujours difficile à maîtriser. Enfin, il reste l'aspect « vitesse », l'intensité de l'effort, aux limites de la fréquence cardiaque maximale. De pouvoir tenir 50 minutes à une heure, et de rester efficace, demande une préparation particulière. S'il veut taquiner le chrono, le pratiquant va donc associer des séquences courtes, très intenses, et des sorties dans la durée, mais qui restent toniques. On est donc très proche de l'entraînement « montagne ».

109

UN RECORD À HOMOLOGUER

Elle n'est pas montagnarde d'origine, et ne pensez pas une seconde que cela ait pu l'handicaper. Depuis près de 20 ans, Isabelle Guillot marque la course de montagne. Le nombre de ses titres nationaux et mondiaux, ses records sur tous les massifs défient la comptabilité. Et dans ce grand bouquet de chronos, une affection toute particulière pour le « kil » vertical dont elle détient l'une des meilleures marques planétaire (42 min).

« Sans m'y préparer spécifiquement, j'en inclus quelques-uns sur ma saison, pour les repères qu'ils m'offrent. Je pense que ces épreuves permettent ensuite de mieux aborder les gros pourcentages, dans les « courses de montagne », ce qui est souvent le cas des Mondiaux. Sur ce type de profil, très raide, il faut donc une bonne puissance musculaire et une technique adaptée... De bien les maîtriser me sert plus tard, dans les compétitions plus longues, au moment des franchissements difficiles. Enfin, même si les kilomètres verticaux sont assez différents les uns des autres, on est sur le seul terrain où les performances peuvent être comparées. La FFA devrait d'ailleurs homologuer certains parcours, avec une pente, un linéaire et un type de terrain proches. De cette façon, il serait possible d'avoir un vrai record au niveau mondial. »

3

APPROCHE ET GESTION DE LA COMPÉTITION

C | L'ALTITUDE

En Europe, les épreuves d'altitude culminent souvent à un maximum de 3 200 m, dans les Alpes (6 000 D, UTMB...) comme dans les Pyrénées (3 000 Ariégeois, Vignemale...). On franchit donc un palier sensible en s'embarquant sur certains raids lointains, en Himalaya notamment (Annapurna Mandala Trail, Himal Race...) et sur les Andes (Étoile d'Atacama...). L'inconnu tient alors à l'altitude atteinte (plus de 5 000 m), mais surtout au séjour prolongé (plusieurs nuits d'affilée à plus de 3 500 m).

• Comment l'organisme va-t-il réagir à l'hypoxie (baisse de pression atmosphérique et apport moindre en oxygène) ?

• Quelles précautions prendre ?

• L'information indispensable, les possibles traitements préventifs et les équipements sur place (caisson de compression) ?

Autant de questions qui doivent avoir (avant le départ) des réponses précises.

Sans entrer dans le détail, il faut déjà rappeler que l'organisme a besoin de compenser cette montée en altitude et la baisse de pression inhérente. Si, à 3200 m, la quantité d'oxygène est de 33 % inférieure à celle de la mer, quand on atteint les 5000 m, le coureur (ou le trekkeur) ne dispose plus que de 50 % de cet oxygène.

Pour compenser cette « dépression », l'organisme dispose de mécanismes d'adaptation. Le rythme cardiaque s'accélère, la tension artérielle augmente au niveau des poumons et une hyperventilation tente de pallier la chute d'oxygène. Autre conséquence de l'hypoxie, les perturbations des fonctions nerveuses et neuroendocriniennes. Le sommeil, la vigilance, l'appétit sont altérés.

En résumé, qu'il s'agisse des reins (rétention d'eau), de la circulation, de l'activité pulmonaire (hypertension et hyperventilation), comme du cerveau (troubles comportementaux, maux de tête, insomnie...), cette altitude s'aborde avec précaution. Une bonne acclimatation permet d'en limiter les risques majeurs (œdèmes pulmonaire et cérébral). Mais il convient aussi, avant de s'inscrire, de mieux connaître ses aptitudes face à l'altitude.

À cet effet, un grand nombre de centres spécialisés* pratiquent des tests poussés.

LA CONSULTATION SPÉCIALISÉE

Celle-ci va permettre, à la lumière de vos antécédents et de certains examens, de mieux cerner vos réactions à l'hypoxie. Elle consiste en un entretien (expériences passées...) et un test, en conditions d'altitude, à l'effort (30 % de la VO2 max, à 4800 m), puis au repos. Les réponses ventilatoire et cardiaque permettent d'évaluer vos capacités et d'envisager au besoin un traitement préventif (acétazolamide, type Diamox ®) ainsi qu'une progression adaptée.

115

* Renseignements p. 120.

UNE EXPÉRIENCE INTÉRIEURE

De la course de montagne, des ultras, des raids lointains, Corinne a tout gagné. Ce n'est pas un palmarès que le sien, mais une encyclopédie en quinze volumes, un Larousse illustré de la course extrême. On pouvait donc parier qu'elle pousserait un jour vers la haute altitude. Himal Race, Everest Challenge, Annapurna Mandala Trail, elle a multiplié ainsi les expériences himalayennes. Et à jeu égal, elle se permet même de concurrencer les spécialistes népalais. Il y a du sang sherpa qui doit couler dans ses veines !

« En 2002, sur la première Himal Race, je n'avais aucune expérience de la haute altitude. Et forcément, c'est une chose qui te chamboule, qui t'interroge. Même si tu te prépares, si tu fais des tests en labo, que tu sois très informée, il y a un choc. À 3000 m déjà, les premiers jours, ça te force à l'humilité. Tu voudrais bien accélérer, mais le corps te ramène tout de suite à la raison. Et puis, au fil des jours, ça revient, tout doucement… Tu reprends des sensations, et là, tu commences à vraiment profiter des choses. Cette ivresse de l'altitude, même si c'est trompeur, te donne beaucoup de plaisir.

Il y a donc une acclimatation incontournable, mais aussi une incertitude permanente. Je suis revenue en Himalaya, puis dans les Andes, sur des courses ou des expés (Cho Oyu), mais à chaque fois, tu dois te dire que rien ne sera pareil. Tu peux être au mieux une année, et sombrer complètement ensuite. C'est d'autant plus vicieux que tu n'en es pas toujours consciente. Il y a donc une vraie notion de groupe, une importance de la solidarité. Tu es en course, oui, mais en même temps tu restes très attentive aux autres. Parce que la vie en dépend. En fait, tout ça est réellement complexe. Au plan physique, au plan mental. Parfois, tu vas être incapable de supporter des détails. Tu deviens sensible à des choses insignifiantes, ça te démolit... Au final, plus que la compétition, c'est une vraie expérience personnelle. Tu vas te découvrir, révéler des choses que tu ignorais, de toi-même, de ta capacité à vivre avec les autres... »

LE CAISSON HYPERBARE

Même si toutes les précautions sont prises, il reste toujours une part d'incertitude face à l'altitude. On peut bien réagir une année et subir un MAM (mal aigu des montagnes) sévère lors d'un second séjour. Face à ce problème, il n'y a guère d'autre solution que le passage par le « caisson », et une descente rapide, dès que l'état le permet. Ce caisson hyperbare portable est donc une première garantie de sécurité. Il s'agit ni plus ni moins d'un contenant étanche, mis en pression à l'aide d'une pompe, qui va simuler une perte instantanée d'altitude. Ainsi peut-on "descendre" en quelques minutes à 2500 m. Le séjour en caisson, selon la gravité du cas, peut durer de une à cinq heures. Il nécessite donc plusieurs personnes qui vont se relayer et assurer ainsi le renouvellement de l'air. Mais insistons bien sur le fait que les bienfaits du caisson ne sont que transitoires. Et que la descente s'impose ensuite, dans les meilleurs délais.

118

À des degrés divers, le mal aigu des montagnes (MAM) touche un pourcentage important de pratiquants en haute altitude. Une personne sur deux est atteinte de symptômes bénins. Mais dans 2 % des cas, les complications sont graves (œdèmes pulmonaire et (ou) cérébral). Il est donc important de surveiller attentivement la venue des premiers signes. Ces derniers se manifestent entre quatre et huit heures après l'arrivée en altitude, et ce à partir de 3500 m.

Dans 96 % des cas, il va s'agir de maux de tête.

Puis viennent les cas d'insomnies (70 %), la perte d'appétit et les nausées.

Les médecins spécialisés attribuent ensuite des points.

Céphalées, perte de sommeil, vertiges, perte d'appétit valent un point.

Maux de tête qui perdurent malgré l'aspirine, vomissements équivalent à deux points.

119

Essoufflement au repos, fatigue anormale, difficulté à uriner se voient attribuer trois points.

Le total des points accumulés détermine ensuite la conduite à suivre.

Un à trois points : **aspirine ou paracétamol.**

Quatre à six points : **aspirine, repos et progression en altitude stoppée.**

Au-delà de 6 points : **caisson et descente rapide.**

LES RÈGLES D'OR

Ne pas monter trop haut et trop vite. L'idéal serait de respecter une progression quotidienne d'un maximum de 400 m positifs, au-dessus des 3500 m, les premiers jours.
Tout symptôme doit être considéré a priori comme une acclimatation incomplète. Soyez donc vigilant à votre état, mais aussi à celui de vos voisin(e)s.
Boire en abondance. Cette hydratation conséquente facilite l'adaptation.
Ne pas rester trop haut trop longtemps. Mais sur ce point, aucun raid ne séjourne à plus de 5 500 m. Une barrière au-delà de laquelle l'organisme se dégrade rapidement.

*Renseignements auprès de l'**ARPE**
(Association pour la recherche en physiologie de l'environnement),
Tél. : **01 48 38 77 57**
ou du service médical de l'**ENSA**
(Ecole nationale du ski et de l'alpinisme)
Tél. : **04 50 53 69 57**

4

HYDRATATION, ALIMENTATION ET SANTÉ

Pas de course sereine, aucune performance à espérer si l'on n'alimente pas correctement la chaudière. En trail, plus que sur route encore, les besoins en eau et en nourriture sont à prendre très au sérieux. L'altitude, la chaleur possible, le froid, la durée de l'effort exigent des apports réguliers en liquides, en sucres et autres éléments nutritifs. Et là encore, il faudra apprendre à se connaître pour répondre au mieux à vos besoins propres.

P our mémoire, quelques petits rappels physiologiques ! Au moment de l'effort, le muscle produit une grande quantité de chaleur, et l'organisme doit compenser cette inflation thermique. C'est l'un des rôles de la transpiration, le plus efficace des mécanismes thermorégulateurs. S'il n'y avait pas cette sudation, la température corporelle augmenterait d'environ un degré toutes les cinq à huit minutes. Faites le compte : en une heure de temps, un coureur verrait son thermomètre intérieur atteindre ainsi les... 51 degrés.

Il y a donc une importance vitale de l'eau dans cette régulation de la température, mais un rôle tout aussi essentiel dans les fonctions cardio-circulatoires et le transport des éléments nutritifs. En effet, avec la perte hydrique, le volume de sang en circulation se réduit. D'où une accélération du rythme cardiaque à l'effort, de façon à irriguer les muscles, le cerveau, et éliminer les toxines. À défaut de pouvoir reconstituer son stock hydrique, on constate une baisse rapide des qualités aérobiques et un risque d'épuisement. En chiffres, le phénomène se résume plus clairement encore. À peine 1 % de perte du poids corporel (0,6 litre pour un coureur de 60 kg) et la qualité de la performance commence à décroître.
À 2 %, la capacité à l'effort est diminuée de 20 %. À 4 %, il y a un risque majeur de collapsus cardio-vasculaire ou d'hyperthermie d'effort.
Traduit en clair, un danger de coma, voire d'issue mortelle. Enfin, il faut bien souligner l'importance de l'hydratation dans l'élimination des toxines et la prévention des tracas

musculaires et tendineux. Ce qui est valable durant l'effort, mais aussi dans la phase de récupération et même en amont de la course. Prévenir en somme, bien gérer l'apport durant l'effort et veiller ensuite à reconstituer les (bonnes) réserves.

AVANT L'EFFORT

C'est un aspect de l'hydratation que l'on néglige souvent. Certains trails d'été, courus en montagne et par temps chaud, pourraient être mieux gérés si les coureurs commençaient à boire avant la course. Les études menées constatent une amélioration des fonctions cardio-vasculaires, grâce à l'augmentation du débit cardiaque et du volume systolique, sans hausse de la fréquence cardiaque. Autre intérêt, la stimulation et la qualité de la glycogénèse (stockage du glucose). Ce premier apport en liquide est donc essentiel à l'effort qui va suivre. Mais attention, veillez à la qualité du liquide. De l'eau ou, à la limite, un liquide hypotonique (pauvre en sucre). Au risque sinon de voir cet apport bloqué par l'estomac et déclencher un processus de digestion (voir chapitre alimentation).

PENDANT L'EFFORT

L'apport en eau ou en liquide hypotonique doit être régulier. Dans une journée, sans effort particulier, les besoins de l'organisme varient de 1,5 à 2 litres. Pour un sportif, ils peuvent être trois fois supérieurs. Les conditions extérieures

125

(chaleur), le froid, le vent vont influencer vos besoins, mais aussi la perception de ceux-ci. C'est le cas en hiver notamment, où l'on néglige souvent de bien s'hydrater.

Dès la première demi-heure de course, sans attendre d'avoir soif, le coureur commence donc à s'hydrater. Toutes les 15 à 20 minutes, on estime à 250 ml la quantité d'eau nécessaire. Ce liquide doit être rapidement assimilable (isotonique), peu chargé en hydrates de carbone (maximum 7 %). De cette façon, l'organisme peut pallier la perte des liquides due à la transpiration, maintenir un volume sanguin et une pression artérielle corrects, tout en éliminant les toxines résultantes de l'effort. Ce sont ces déchets organiques qui perturbent les milieux sanguins et musculaires. De leur élimination dépend aussi la prévention des crampes, les douleurs liées à l'acide lactique, voire des accidents musculaires (contractures, claquages...) et tendineux.

Enfin, pour les efforts longs (au-delà de deux heures et d'une perte de liquide importante (5 litres et plus), il est bon que cette eau soit associée à des électrolytes, sodium (NA+), potassium (K+), chlore (Cl-) et magnésium (Mg+). Ces sels minéraux assurent, entre autres, la bonne répartition des liquides dans l'organisme. Une étude américaine de l'"American College of Sports Medicine" (Johnson et al., 1987) fait encore référence.

Pour un effort de deux à quatre heures, un apport de Na et de K dans la boisson consommée (Na : teneur au plus égale à 10 mEq par litre ; K : teneur égale à 5 mEq par litre) est néces-

126

saire. Pour un effort intense, d'une durée supérieure à quatre heures, l'étude conseille un apport d'environ 20 mEq de Na et 5 mEq de K par litre de boisson consommée pendant l'effort. Les boissons minérales gazeuses peuvent compenser ces pertes, mais seulement en partie. Au coureur ensuite de voir, sur conseil d'un spécialiste, si un apport supplémentaire est à prévoir.

APRÈS L'EFFORT

Une fois la séance ou la course terminée, il est tout aussi important de bien veiller à la réhydratation. L'organisme doit reconstituer son stock hydrique, mais aussi accélérer l'élimination des toxines de l'effort et se recharger en électrolytes. Les boissons minérales gazeuses sont donc vivement conseillées dans les deux premières heures, puis de l'eau (minérale) plate ensuite. Pour voir si la réhydratation est correcte, la couleur des urines est un bon repère. Après trois heures, leur clarté est une assurance de bonne récupération.

4

HYDRATATION, ALIMENTATION ET SANTÉ

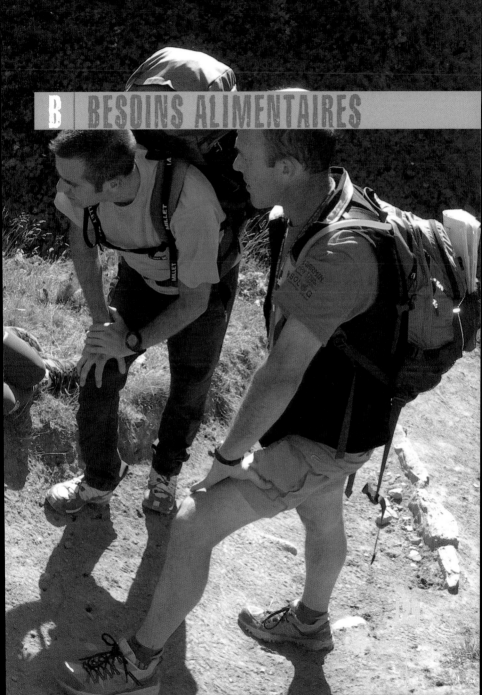

B BESOINS ALIMENTAIRES

L e chapitre le plus complexe, tant il existe d'écoles, de chapelles, théories en tous genres dont l'énoncé risquerait... l'indigestion. On se contentera donc de quelques recettes sages. En se rappelant bien que l'alimentation est aussi un plaisir. S'astreindre à des régimes draconiens peut aussi être une source de frustration.

Plutôt que d'entrer dans le détail, on peut déjà rappeler quelques règles basiques sur la ration quotidienne. En termes de calories, un homme a besoin d'environ 2500 Cal par jour et une femme de 2000. Cette valeur peut ensuite être légèrement augmentée dans le cas d'entraînements poussés ou de travail physique.

Mais il faudra aussi respecter un bon équilibre dans la proportion entre les glucides (sucres lents et rapides, 50 à 55 % des calories quotidiennes), les lipides (les graisses, de préférence polyinsaturées, 30 %) et les protéines (viandes et poissons, laitages..., à raison de 10 à 15 %). À cela, il faut ajouter les sels minéraux et les vitamines.

Les glucides sont notre carburant. Dans les sports d'endurance, comme le trail, elles sont la principale source d'énergie. Simples (fructose, glucose...) ou composées (amidon, dextrine...), notre organisme doit ensuite les digérer, puis les brûler ou les stocker sous la forme de glycogène. Ce stockage se fait soit dans les muscles (glycogène musculaire) ou au niveau du foie (glycogène hépatique). Le coureur d'endurance sera particulièrement intéressé par ce point. Puisque c'est de ce glycogène, de l'apport puis du renouvellement en glucose, que sa performance dépend.

Les lipides sont également indispensables à l'apport d'énergie, mais aussi à la fourniture d'acides gras. Ils interviennent dans la métabolisation des vitamines (A, D, E et K) et participent à la constitution (paroi) des cellules. Enfin, ils protègent aussi les organes et le corps tout entier contre le froid.

Les protéines ont un rôle essentiel dans tous les processus organiques. S'il fallait choisir une image, ce sont les briques avec lesquelles le maçon bâtit son mur. Elles vont permettre l'apport en acides aminés, indispensables à la construction générale. D'origine animale ou végétale, leur dosage est à surveiller avec attention.

Les vitamines interviennent à de nombreux stades. Ces substances, utilisées en petites quantités par l'organisme, participent à la croissance et à l'entretien de la mécanique. L'alimentation équilibrée pourvoit à l'essentiel de ces besoins. Et si une croyance –savamment entretenue- leur prête des vertus énergétiques ou miracles, la chose tient du mythe. Pour faire simple, disons qu'elles peuvent participer comme co-enzymes à des processus énergétiques. Mais la quantité fournie par l'alimentation suffit amplement. Seuls des cas de carences (constatés médicalement) peuvent amener à prendre des suppléments. On se rappellera enfin que ces vitamines peuvent être stockées par l'organisme (liposolubles). Des cas d'hypervitaminoses sont depuis longtemps constatés en cas d'apports injustifiés. Ces effets secondaires peuvent être très graves, lésions hépatiques, rénales, troubles osseux, ou de la coagulation...

Les sels minéraux sont également fournis par l'alimentation. Nos besoins quotidiens peuvent être très importants (macroéléments). Il s'agit principalement du calcium (800 à 1500 mg/jour), du sodium, du potassium, du magnésium et du phosphore... Pour les microéléments, on évoque le zinc, le fer, le cuivre, le sélénium, le fluor, l'iode... Si la quantité nécessaire est moindre, elle est toute aussi essentielle. Pour les coureurs, ce sera un poste important. L'évacuation par la transpiration des sels minéraux demande notamment de pallier ce déficit. Mais là encore, l'alimentation et l'hydratation seront suffisantes dans la plupart des cas.

LES REPAS

Avec ces quelques repères, il ne vous reste plus qu'à composer des repas équilibrés, qui intègrent les bons éléments nutritionnels, en quantité et qualité, sans que votre plaisir n'en pâtisse.

PETIT DÉJEUNER

La vie moderne nous fait souvent négliger ce poste. Pourtant, il est essentiel et permet de charger les accus pour une bonne

132

partie de la journée, en nous évitant aussi le coup de pompe matinal. L'idéal serait qu'il offre le quart de la ration en calories quotidiennes (2000 pour une femme et 2500 Cal pour un homme), tout en associant des sucres lents (pain, céréales), des protéines et du calcium (laitage, œuf), des vitamines (fruit frais ou jus pressé), un peu de lipides (beurre) et une boisson chaude sucrée.

REPAS DU MIDI

Ce devrait être le principal repas de la journée. Mais si vous avez prévu un entraînement dans l'après-midi ou que le travail vous impose certaines contraintes, il reste difficile à négocier. Là encore, idéalement, il associe des légumes frais, cuits à la vapeur de préférence (vitamines et microéléments), de la viande ou du poisson (sans graisse animale pour la cuisson, mais une préférence aux huiles végétales, olive, colza...), des laitages ou du fromage, des fruits frais. On évitera donc les fritures, la charcuterie, les viandes grasses, les viennoiseries....

REPAS DU SOIR

Plus léger en théorie, à condition d'avoir bien mangé à midi. Évitez les repas trop lourds et les digestions qui perturbent le sommeil. Tout est ensuite affaire de goût ! Plutôt que la viande, longue à digérer, on préférera les pâtes, sans association de protéines, avec une sauce «maison», légumes cuits à la poêle et fromage râpé. Un morceau de fromage ou un yaourt, deux fruits frais peuvent compléter l'assiette.

Mais répétons-le, ce ne sont que des indications. Les petits écarts ont aussi leur place. Un bon verre de vin en mangeant, une entrecôte avec des frites, une belle part de gâteau ou une glace vanille n'ont jamais compromis une performance. Et ces petites fantaisies sont excellentes pour le moral. À vous de les distiller au bon moment, le terme d'une course par exemple (comme le reconnaissait un vice-champion d'Europe de marathon).

REPAS D'AVANT COMPÉTITION

Lorsque l'effort se prolonge au-delà d'une heure, notre organisme doit déjà disposer de réserves énergétiques. Si vous vous engagez dans un trail de trois à cinq heures, ce qui est monnaie courante, mieux vaut donc bien remplir la « soute à glucides ». Pour cela, le repas de la veille est essentiel et les pasta parties s'inscrivent bien dans cette logique. Entre huit à douze heures avant le départ, on conseille un bon plat de pâtes cuites (300 à 800 g), agrémentées d'une sauce digeste (huile d'olive, légumes cuits...), un peu de viande blanche, un laitage, des fruits, voire un gâteau de riz ou de semoule.

Le dîner d'avant course est donc essentiel, de même qu'un bon petit déjeuner, mais pris suffisamment à l'avance (trois heures en moyenne). Celui-ci va compléter les réserves hydriques et glycogéniques. Là encore, vous mettrez l'accent sur les glucides composés (pain, céréales...), un peu de beurre, de confiture, un produit laitier, un fruit... et du liquide. Ces quelques heures qui précèdent, ont également un rôle d'hydratation important. L'erreur serait de penser que la prise de boisson ne commence qu'au départ de votre épreuve. Dans les deux heures qui précèdent, on devrait ainsi pouvoir absorber environ 1, 5 litre, dont 33 cl sur le dernier quart d'heure.

Si vos réserves de glycogène sont importantes sur la première partie de l'effort, rappelez-vous que ce stock est limité. Il existe un petit calcul simple qui nous éclaire sur ces réserves. Un organisme adulte compte en gros 30 kg de muscles et 60 % de cette masse est directement impliquée dans l'effort. Ce qui donne environ 18 kg de musculature active. Le glycogène contenu dans ces fibres est de 17, 5 g par kilo, soit 315 g au total. À raison de 17 Kj (4KCal), nous disposons donc de 1290 KCal d'énergie potentielle.

Une heure d'effort suffit donc à épuiser ce stock. Au coureur maintenant de renouveler son énergie. Pour cela, les aliments doivent être rapidement métabolisés et ne pas perturber le transit au niveau gastrique. La combinaison entre les glucides et l'eau provoque effectivement des problèmes de vidange, responsable de troubles divers (nausées, douleurs, vomissements, diarrhées...). Le choix des « bons » sucres est donc important. Ainsi le fructose (contenu dans les fruits et le miel) serait un excellent carburant, mais il a cet inconvénient d'être très indigeste. Autre particularité, il est stocké au niveau du foie (glycogène hépatique), et son utilisation

135

intervient plus tard dans l'effort, quand les réserves musculaires viennent à s'épuiser. Les boissons doivent donc en comporter pour partie, d'autant qu'il participe à l'assimilation du magnésium, du fer, du manganèse et d'autres oligoéléments. Le glucose (ou dextrose, sucre blanc) par contre est plus rapidement assimilable et fournit une énergie immédiate. Mais l'inconvénient tient aussi dans cette qualité, à savoir celle d'une énergie brûlée instantanément.

Autre alternative, les maltodextrines (polymères de glucose) qui sont des chaînes plus complexes. Les gels en comportent pour la plupart, associés à des sucres (glucose). Voilà certainement le bon carburant, capable de durer dans le temps. De plus, ces produits ont beaucoup évolué en terme d'osmolarité. Trop concentrés (hypertoniques), ils demanderaient plus de temps pour être digérés. En revanche, lorsque la concentration des particules nutritives est proche de celle du plasma sanguin (isotonique), le transit se fait sans contrainte digestive. D'où cette efficacité immédiate et cette diffusion dans le temps. Un gel, avec ce qu'il demande de liquide (300 à 500 ml), peut alors assurer une efficacité d'environ 40 minutes.

Dès la première demi-heure, on doit donc commencer à s'alimenter. La boisson semble ici le plus indiquée, parce qu'elle permet de bien dissoudre les sucres... et en même temps de s'hydrater. Trop de coups de fatigue viennent d'ailleurs de là. L'eau (voir chapitre hydratation) est importante à tous les niveaux. Elle conditionne à la fois la performance, par le transport de l'énergie au niveau cellulaire, mais aussi la maîtrise de la température. Le « coup de chaud » n'est jamais une chose bénigne.

D'avoir bien insisté sur ce chapitre des sucres, ne doit pas occulter d'autres aspects de l'alimentation en course. Après deux heures d'effort, vous ressentirez peut-être une certaine lassitude à ces boissons ou ces gels, et un réel besoin d'aliments salés. Il y a sans doute une explication physiologique, liée à l'épuisement des oligoéléments. La transpiration notamment affecte certaines de ces réserves. Alors faites-vous plaisir ! Les ravitaillements offrent souvent des assiettes de fromage, du jambon... N'hésitez pas, cette saveur fait autant de bien au physique qu'au mental.

APRÈS LA COURSE

Parmi les questions que se pose le diététicien, l'alimentation post-compétitive n'est pas la moindre. On sait que l'organisme subit en course deux phénomènes principaux. D'une part, il doit encaisser l'usure cellulaire, musculaire notamment, et de l'autre une importante production de déchets métaboliques. D'où l'importance de l'alimentation, qui va jouer un rôle important dans la restauration des tissus et des réserves.

Premier poste, une fois encore, l'hydratation. Outre la consommation de boissons, la nourriture y participe aussi. On a donc

137

intérêt, lorsque l'appétit revient, à privilégier les légumes, les fruits, associés encore à des pâtes ou du riz. Quant aux protéines, la question nourrit toujours quelques débats. Si l'ingestion de celles-ci permet de restaurer l'équilibre musculaire ou hormonal, leur digestion par contre s'accompagne aussi d'une production de déchets. Lesquels s'ajoutent encore à ceux de la course elle-même. Plutôt que de trancher, on pourrait donc opter pour le compromis... en choisissant tout simplement certaines protéines. Dans les premières heures, préférence donc à un régime hypo-protéique, puis à partir des 24 à 48 heures, quelques aliments pauvres en déchets azotés (laitages, œufs, soja...). Lorsque l'organisme aura récupéré, il sera temps de remettre de la viande ou du poisson sur la table. Parce que ces protéines plus riches sont indispensables à la (re)construction cellulaire, aux apports en fer et en acides aminés.

4

HYDRATATION, ALIMENTATION ET SANTÉ

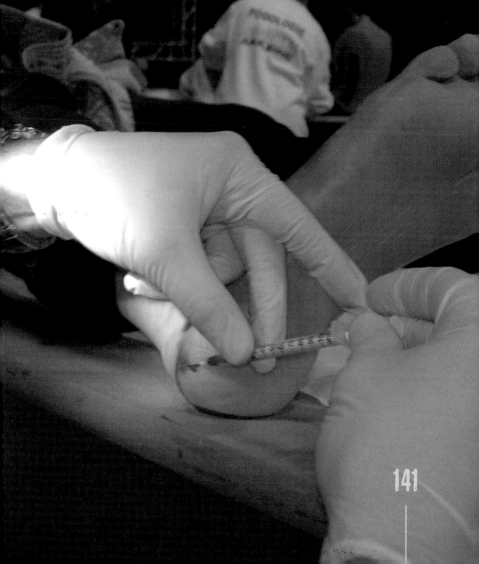

Petits bobos ou vilaines blessures, tout comme le bitume, le trail a lui aussi ses tracas. Cela dit, la course nature semble un peu moins traumatisante... à cette condition bien sûr de bien doser l'entraînement et les compétitions. Comme dans toute autre discipline, cette sagesse-là est la meilleure des préventions.

Si vous venez de la route, si vous avez pratiqué la piste comme le macadam, vous constatez vite que le trail a un impact moindre que ses cousines urbaines. L'explication première tient à la nature même du terrain. Sur bitume, ce sont toujours les mêmes appuis qui sont sollicités. Pour peu que le coureur présente une fragilité, cette répétition est souvent source de blessures. Dans la course nature, même si l'effort est plus long, les appuis changent en permanence. La souplesse du sol, la déclivité du parcours, la tonicité nécessaire des appuis garantissent un meilleur confort au plan tendineux et ligamentaire. Cela dit, ne cachons pas que ces parcours nature ont aussi leurs problèmes. Et dans de nombreux cas, les raisons sont souvent voisines de celles qui affectent le coureur de route : entraînement trop important, hygiène de vie (sommeil, nourriture...), hydratation insuffisante, matériel inadapté... Avec en plus cette même tendance du coureur à ne pas se soigner ou mal respecter les consignes de repos. Petite visite donc de l'infirmerie, par ses bobos les plus courants.

TENDINITES

Pour le coureur de trail, ces inflammations se localisent le plus souvent à deux niveaux : le tendon d'Achille, sollicité en montée, et le tendon rotulien, exposé dans les descentes. Pour l'un comme pour l'autre, le volume d'entraînement est souvent incriminé et plus spécialement le travail en dénivelé. À cela, il faut encore ajouter d'autres causes plus habituelles. On sait qu'une hydratation insuffisante fragilise les tendons, que l'alimentation (excès de graisse animale cuite, de viande rouge...), l'alcool, le manque d'échauffement (avant) et d'assouplissements (après) peuvent aussi être en cause. De même, certains déséquilibres dans la position du pied (pronation ou supination excessives) sont souvent à l'origine de ces douleurs.

En tous cas, dès l'apparition du mal, il y a une nécessité absolue à couper l'entraînement, comme la compétition. Si l'on observe un strict repos (un mois et demi), la guérison peut être définitive. Mais rares sont les pratiquant(e)s qui respectent cet arrêt... et l'inflammation peut alors s'aggraver, avec des conséquences plus invalidantes ensuite. Les médecins constatent à ce stade une dégénérescence du tissu tendineux qui peut aller jusqu'à sa rupture.

C'est dire l'importance de la coupure et le recours à une kinésithérapie appropriée. Mais surtout de rechercher les causes de l'inflammation. Une meilleure hygiène de vie, la diminution du volume d'entraînement (kilométrage et dénivelé), ou la simple utilisation d'une semelle, peuvent réduire les tensions. Enfin répétons-le, le meilleur remède reste encore le repos. Ce qui est aussi une façon de dire que le recours aux infiltrations (cortisone) n'a aucune raison d'être. Le risque étant même sur une blessure mal cicatrisée de « masquer » le problème et de vous amener à une pathologie plus grave encore.

Autre tracas habituel, l'entorse. Elle affecte en général la cheville et plus rarement le genou. Terrain glissant, appuis hasardeux, chaussures inadaptées, le pied se dérobe avec des conséquences variables. Pour un dommage bénin, une quinzaine de jours de repos peut suffire. Mais pour des traumas plus importants, avec un hématome, un possible arrachement ligamentaire, musculaire ou osseux, le recours à la chirurgie est parfois envisagé. Autant dire que la consultation est obligatoire. Elle permettra de juger, par des examens appropriés (échographie), de la gravité des dommages.

Là encore, il est possible de limiter sensiblement ces risques d'entorses. Le plus souvent, la blessure intervient à un moment de fatigue, lorsque la vigilance au terrain décroît. C'est dire l'importance de bien gérer vos fins de course notamment. Mais il y a aussi la bonne maîtrise technique qui vous garantit souvent de la blessure. En amont, le travail proprioceptif est donc essentiel. On ne soulignera jamais assez l'importance de la tonicité, cette « qualité » du pied, cette réactivité au terrain, de même qu'une bonne lecture du sentier. Cheville dynamique et anticipation sont deux atouts maîtres contre l'entorse.

MICRO TRAUMATISMES ROTULIENS

Grande responsable de ces syndromes, la descente et les tensions qu'elle génère sur l'articulation entre rotule et fémur, ou rotule et tibia, donc sur la face antérieure du genou. Une fois installés, ces tracas s'annoncent difficiles à traiter. Lorsque le cartilage est touché, que l'on constate une usure importante, il n'y a guère d'autre solution que de réduire le volume d'entraînement, voire même d'arrêter la pratique. Avant d'en arriver à cette extrémité, mieux vaut donc prévenir. On sait que la descente est un exercice traumatisant, dont il ne faut jamais abuser à l'entraînement. Limitez donc l'importance du dénivelé et la vitesse de course, au profit de la souplesse, du bon placement, de la tonicité des appuis. Également bénéfique, un léger travail en musculation au niveau des cuisses, lesquelles ont un rôle d'amortisseur essentiel.

AMPOULES

Rien de tel pour se gâcher le paysage ! La voûte plantaire, les orteils, le talon sont particulièrement exposés à l'échauffement, d'autant que la possible humidité (transpiration, pieds mouillés) aggrave encore le phénomène. Et pourtant, rares sont les coureurs qui se protègent du phlyctène. La chaussure, pour commencer, a son importance, suffisamment faite à votre pied, dans la perspective d'une course ou d'un entraînement long. Si vous devez traverser des secteurs humides, pensez à protéger les zones du pied menacées par le frottement. On peut ainsi placer de façon préventive de la bande collante (type Elastoplast®) et de la double peau. Souvenez-vous aussi que les ampoules peuvent être provoquées par des excroissances (bursites) qui aggravent le frottement avec la chaussure. Dans ce cas, il sera utile de placer une protection, ou de modifier si possible la chaussure. Notez aussi qu'il existe des chaussettes spéciales antifrottements ou à double épaisseur, réduisant grandement le risque d'ampoule. Enfin, il est recommandé de préparer le pied avec des crèmes spéciales. La peau devient ainsi plus souple et plus résistante.

Si malgré ces précautions, la « cloche » retentit, les soins ont alors une importance capitale. Ne serait-ce que pour des raisons d'hygiène ! Les infections sont bien plus fréquentes qu'on l'imagine. Il convient donc de bien désinfecter le pied, de laisser la peau en place si celle-ci n'est pas arrachée, et d'injecter une solution à l'éosine qui favorise la cicatrisation. Le lendemain, on peut poser une seconde peau (type Compeed®) qui assure un bon confort pour la marche ou la course.

Roland BORNE
(kiné-osthéopathe)

GLOBALITÉ

L'entorse n'est jamais une blessure bénigne. Mais si sa gravité peut être très variable, il y a aussi de bonnes raisons d'espérer une rééducation rapide. À cette condition peut-être de considérer la pathologie sous un angle plus global. Pratiquant lui-même, Roland Borne suit ainsi plusieurs athlètes de bon niveau.

"Tout dépend effectivement de la gravité de l'entorse. S'il y a la formation d'un œdème ou d'un hématome (arrachement ou déchirement lié), la rééducation à proprement parler est très limitée. Il faut plutôt commencer par réduire l'œdème, par du glaçage, des techniques de drainage, bande compressive, des « traits tirés » qui permettent de résorber les liquides. D'autre part, la radiologie ou d'autres techniques d'imagerie, permettent aussi d'y voir plus clair. En fonction de ça, et de l'évolution dans les jours qui suivent, on peut commencer très tôt le travail. La mobilité osseuse notamment est à surveiller de près. On éviterait pas mal de récidives en mobilisant ainsi les articulations tibio-astragalien, cuboïde-scaphoïde et calcanéo-astragalien. Certains massages de mobilisation en « 8 » sont ainsi très efficaces, tout comme le massage transversal profond de Cyriax. De même en périphérie, il y a une nécessité à travailler aussi sur la mobilité de tous les os des tarses. En associant encore le travail proprioceptif (planche

147

de Freeman, entre autre), on peut recouvrir rapidement une certaine mobilité et des qualités de réaction. Et cela dès les premiers jours, dans le cas d'entorses sans arrachement.

Cela dit, on a trop souvent tendance à limiter la blessure à la seule zone de souffrance. Dans le traitement de celle-ci ou de la prévention, je porterai aussi une grande attention aux groupes musculaires liés. Le jambier postérieur, les longs péroniers latéraux, le plantaire grêle, pour ne citer qu'eux, sont aussi garants de la stabilité du pied. Et la blessure peut les avoir « spasmés ». Il y a donc lieu de les remobiliser. Même attention au niveau des articulations, à commencer la tête du péroné supérieur et son mouvement avant-arrière. Ou encore de la hanche. L'entorse peut provoquer un blocage... ou être la résultante d'une mauvaise mobilité à ce niveau. Ce qui est souvent le cas des entorses sur terrain plat, a priori incompréhensibles ! De traiter ainsi la blessure dans sa globalité est une garantie de guérison et de prévention sensiblement meilleure !"

Moins fréquentes que sur route certes, ces douleurs du talon n'épargnent pourtant pas le coureur de nature. Et ce n'est pas un hasard si elles apparaissent souvent au sortir de l'hiver, après des périodes d'entraînement... sur route ou sur piste. La répétition des chocs sur un sol dur (asphalte, ciment) provoque alors une inflammation au niveau de l'aponévrose plantaire, avec des risques de calcification (épine calcanéenne). Cela dit, les médecins constatent aussi de possibles inflammations sur les proches tendons, le péronier, le jambier postérieur, voire des fractures de fatigue consécutives à ce traumatisme.

Dans tous les cas de figure, une fois encore le repos s'impose, avec ensuite une attention toute particulière aux chaussures. Éventuellement la pose d'une semelle adaptée peut éviter le retour de ces talalgies.

4

HYDRATATION, ALIMENTATION ET SANTÉ

D | UN MENTAL EN MÉTAL

Pour que la mécanique tourne rond, il lui faut un mental cohérent. C'est cette énergie bien canalisée, cette lucidité, cette relation sereine aux autres et au milieu, qui font la qualité du coureur et son plaisir à pratiquer. Mais les choses ne sont pas si simples ! Parce que le trail tient aussi de la compétition, qu'il a ses confrontations fortes, ses charges d'entraînement. Même si la tension est moins forte que sur bitume, il va falloir négocier au mental ces différents aspects de la pratique. Un équilibre à trouver, entre le plaisir, le goût de la performance, le défi et le jeu. Tous ces besoins, parfois contraires, et que chaque coureur nourrit.

COURIR EN GROUPE

Contre la monotonie des entraînements et une certaine solitude inhérente à la pratique, les sorties en groupe ne manquent pas d'intérêt. Rien de plus stimulant que ces séances à plusieurs, pour le plaisir du dialogue, du jeu, des relances dynamiques... Plaisant certes, mais avec quelques réserves aussi. La vitesse n'est jamais un plaisir innocent. Elle permet souvent d'affirmer une autorité, de poser une empreinte sur le groupe. Certains y répondent, d'autres laissent filer, mais la séance peut en pâtir. L'intérêt est donc de bien choisir ses compagnons de course. Des collègues qui partagent les mêmes objectifs... et la même philosophie. Il se crée alors une réelle osmose, et les entraînements se révèlent bien plus cohérents. Une certitude, respectez toujours votre rythme.

Plutôt que l'allure du voisin, vos jambes et votre cœur vous informent au mieux de vos capacités. Dites-vous aussi que ces sorties relèvent de la seule préparation. La notion de compétition n'y a pas de place. Et si cela ne suffit pas, limitez les sorties en groupe aux séances foncières, lentes et longues. Enfin, souvenez-vous que le choix du trail répondait aussi à une envie de pratique moins hiérarchisée que le bitume. Que la place et le chrono n'ont plus la même importance. Avec ce bon principe, le rapport social se négocie plus aisément.

SUR TOUS LES TERRAINS

S'il fallait distinguer la qualité première d'un pratiquant de trail, ce serait certainement sa capacité en encaisser toutes les conditions de course. Qu'il pleuve, qu'il neige, que le terrain soit brûlant, que les montées soient assassines... Rien n'altère son moral. Or, chacun a ses faiblesses, dans un domaine ou l'autre, et une légitime appréhension de s'y trouver confronté. Mieux vaut donc se préparer mentalement. Les parcours d'entraînement ont aussi ce rôle. Voilà un excellent moyen de lever les inhibitions et d'éviter le jour de la course quelques blocages désagréables.

Même chose pour la météo, petite pluie glaciale, chaleur d'enfer, ne rechignez pas. Bien équipé, correctement hydraté, vous verrez que ces séances – à défaut de plaisir – peuvent se négocier en douceur. Ce n'est pas de l'expiation, mais un (petit) défi à relever.

LE TEMPS DU CHRONO

On peut jurer ses grands dieux que la compétition « c'est bien fini ! », il y a toujours des objectifs qui vous titillent l'envie. Le besoin de se confronter à un grand parcours, d'aller chercher des distances inconnues, de faire le point sur les années... Selon les personnes, ces confrontations se vivent très différemment. Motivation maximale, appréhension, relativité sereine, selon les humeurs et le mental, la course change de couleurs. L'idéal serait donc de garder toujours une certaine

155

« distance » à l'évènement. Plutôt qu'une date imposée dans votre calendrier, multipliez les occasions, les envies, variez les plaisirs, et déterminez votre objectif en fonction de vos sensations. Les saisons sont longues, les rendez-vous nombreux. Si vous vous sentez juste pour la montagne de l'été, il n'y a rien de déshonorant à remettre ce rendez-vous. Et de ne pas se gâcher le bonheur, par obstination, pour finir le moral dans les chaussettes ! Quant à l'échec possible, son acceptation relève elle aussi de la performance. Tellement de sentiments mêlés, de déception, de découragement possibles, mais aussi de revanche, d'envies à retrouver. Les jambes et la tête ont des émotions tellement proches. Il faut juste attendre que l'eau se repose... pour y voir plus clair. La vérité d'un jour n'est jamais celle de toute une saison. Et surtout, ce jeu de la course en serait-il un, si chacune de vos sorties frisait la perfection ?

LES BLESSURES

Certainement le plus difficile à gérer mentalement. La blessure est ressentie comme une rupture qui déstabilise, met en péril notre équilibre psychologique. D'où une tendance fréquente à vouloir l'ignorer, ou du moins en minimiser l'importance. Pourtant, accepter la blessure et ses conséquences, c'est aussi l'intégrer, en comprendre les origines, l'évolution, et prendre les décisions appropriées. On s'évite alors des « galères » bien plus graves que le bobo initial (voir tendinites ou entorses mal soignées). L'essentiel tient donc dans notre capacité à accepter la coupure d'activité, sans que celle-ci n'entraine de manque psychologique. Cette période doit trouver sa valeur propre. Peut-être de nous ouvrir, le temps de la guérison, d'autres champs d'intérêt, un social, une curiosité différente. De cet équilibre d'ailleurs, la course elle aussi se nourrit. Le retour à l'entrainement sera plus serein... et les proches pourront eux aussi souffler quelques semaines. De cette décontraction, de ce recul, tout le monde va profiter.

157

La course nature bouscule bien des repères, et pas seulement ceux liés au terrain ou aux envies. Aurait-elle donc des motivations plus profondes ? Au-delà de la mode, répond-elle à un besoin très intime, de retrouvailles anciennes, d'empathie au paysage... tout droit venues de l'enfance ? Psychothérapeute et coureur lui-même, Mohamed explore ces pistes existentielles.

LA QUÊTE DU RENOUVEAU

« *L'effet de répétition est un ennemi redoutable, qui appauvrit le désir et l'envie de poursuivre. Après une longue période de bitume, nombre de coureurs éprouvent ce besoin de nouveauté. Les épreuves sur route supposent effectivement des volumes d'entraînement et une exigence de qualité qui ne laissent d'autre choix à l'athlète que cette répétition mécanique. Il y a une sorte de... dépersonnalisation dans cet effort répété, quantifié. Le pratiquant sait par avance ce qui l'attend. Aucune surprise à espérer, dans cette plongée au macadam.*

En découvrant le trail, ou toute autre forme d'épreuve nature, on peut donc évoquer un renouvellement du désir. Autant la course elle-même, que la préparation, impliquent d'autres mécanismes et processus psychologiques. On pourrait ainsi en distinguer trois qui vont permettre une sublimation et ce passage du routinier à la créativité. À commencer par l'acceptation de se perdre... dans ses repères habituels de perfor-

mance. Le « premier pas » vers un renouveau, vers une évasion du chronomètre, de la rigueur des temps de passage. Mais l'autre processus, et sans doute le plus marquant, tient à une écoute différente de son corps et des sensations qui le nourrissent. Courir en pleine nature entraîne une autre perception du cadre. Ce sont des choses très simples, liées à la proprioception du terrain. L'équilibre est différent, il demande une grande attention, et cette prise de réalité est déjà en elle-même une renaissance. L'esprit reste aiguisé en permanence. Le parcours est une source continuelle de surprises. Chaque mètre de course, chaque virage, et il renouvelle ses informations.

Enfin, je dirais que ce type de course permet une sorte de retrouvaille. N'y aurait-il pas comme un retour à l'enfance ? Un lien mystérieux à la terre, que le trail restitue ? Cette forme ludique, ce jeu avec les éléments, cette magie du lieu et les surprises qu'il génère, nous renvoient sans doute à une forme d' « insouciance ». Et c'est d'autant plus vrai que nous vieillissons. Comme si nous avions fait le plein de narcissisme avec les épreuves sur route, dans notre recherche du chrono, du classement, et que nous passions à autre chose, à un rapport différent, une intimité aux éléments.

Cela dit, rien n'est cloisonné. Le coureur peut aussi revenir au macadam. De temps à autre, il y retourne pour des sensations de vitesse, le temps d'une épreuve, de se réaffirmer, de retrouver des repères. En fait, ces va-et-vient traduisent aussi nos besoins, nos recherches d'images. Il y a en chacun de nous une aptitude à la découverte… et un besoin de nostalgie ! »

159

4

HYDRATATION, ALIMENTATION ET SANTÉ

L'habit ne fait pas le trailer, mais il contribue beaucoup à son confort. Le terrain, les conditions climatiques, le possible portage sont des éléments à prendre en compte, que l'on soit en quête de performance ou pour le simple bien-être. Sans tomber dans le consumérisme forcené, les nouveaux matériaux, les techniques de construction ont marqué d'indéniables progrès. Qu'il s'agisse des chaussures, mais aussi des sacs, des poches à eau et des vêtements, choisissez-les adaptés à votre terrain, à vos dispositions et vos distances de pratique.

CHAUSSURES

Trois éléments essentiels à surveiller au moment de l'achat :

SEMELLE :

Bon crantage, évacuation correcte de la boue sur terrain collant, dessin dynamique (encoches de flexion) qui améliore la nervosité de la chaussure sur le terrain rapide.

STABILITÉ :

L'autre qualité première d'une chaussure de trail. Il est primordial que le modèle choisi tienne, quel que soit le terrain, instable, en dévers, en descente rapide... Veillez donc à ce que la chaussure soit bien tenue sur l'arrière et d'une rigidité de la semelle correcte. Le laçage, la construction générale au niveau de la tige peuvent aussi participer à une tenue optimale du pied.

PROTECTIONS LATÉRALES ET AVANT :
De nombreux modèles bénéficient aussi de renforts sur le devant (pare-pierre), latéraux et arrière. Un détail utile sur le terrain caillouteux, dans les pierriers, où il est fréquent que l'appui bute.

ÉTANCHÉITÉ :
Pour les courses hivernales (neige, pluie...), certaines chaussures haut de gamme proposent une membrane étanche et respirante (Gore-Tex® ou autres). Ce type de produit permet une bonne évacuation de la transpiration. Le pied est maintenu plus au sec, ce qui limite aussi les irritations et les ampoules dues à l'humidité. Sur du terrain détrempé ou neigeux, n'hésitez pas à associer une guêtre. On réduit ainsi l'entrée d'eau par le dessus de la chaussure.

TIGES HAUTES :
Quelques rares modèles proposent des tiges moyennes, plus hautes que la normale. C'est appréciable l'hiver, sur des parcours détrempés ou très cassants. La malléole est ainsi protégée et le risque de choc réduit d'autant.

Une chose certaine, la chaussure idéale, polyvalente, capable de tenir tous les terrains et de s'envoler sur le plat, n'existe toujours pas. Un temps, les fabricants ont essayé de résoudre cette quadrature. Puis ils se sont résolus à développer au contraire des modèles très spécialisés, adaptés aux contraintes spécifiques. On a vu ainsi des chaussures pour la neige et la

163

glace, équipées de mini crampons ; des modèles pour le raid, avec des tiges hautes qui protègent la malléole, très rigides en semelle et d'une tenue parfaite; mais aussi des produits taillés pour les courtes distances, légers, souples, assez proches finalement des chaussures de route...

Ce choix des fabricants, hors toute considération mercantile, s'avère le plus apte à répondre aux besoins du compétiteur. Il n'est pas certain, à l'inverse, que l'usager lambda y trouve son compte.

Difficile de se faire une idée, dans un commerce, des qualités d'un sac. Il doit être stable dans l'effort, ne pas bouger sur le dos, limiter ainsi les frictions au niveau des épaules et des lombaires. C'est une qualité première, d'autant plus importante que la course est longue.

La contenance est ensuite liée à l'usage. Sur une course d'une journée, quand on se limite à une polaire, un coupe-vent, un peu de nourriture et de l'eau, 10 litres sont suffisants. Sur un raid de plusieurs jours, les contraintes sont différentes (rechange, couchage, autonomie alimentaire...). Il intervient enfin des repères de solidité ou de légèreté. Les deux sont-ils antagonistes ? Pour partie. Les matériaux légers ont néanmoins évolué.

N'espérons tout de même pas qu'un sac de quelques centaines de grammes ait une espérance de vie égale au bon vieux cordura® utilisé pour les modèles de montagne.

Il peut être un outil indispensable si vous avez du mal à déterminer vos allures de course. La plupart des modèles intègrent un réglage de « zones cibles », grâce auxquelles vous déterminerez une fréquence de travail : endurance fondamentale, résistance douce, etc... Un signal sonore vous avertit quand vous sortez du rythme prédéterminé. Du plus simple au plus complexe, il existe désormais quantité d'appareils. Les plus élaborés analysent une foule de données, jusqu'à la consommation de calories et, grâce à un GPS intégré, votre vitesse de déplacement. Sinon, pensez à acquérir un modèle équipé d'un codage, ce qui évite les interférences avec vos voisins de course.

LA POCHE À EAU

Largement utilisée par les coureurs, elle a l'avantage d'une contenance plus importante que le bidon. En revanche, elle est intégrée à un sac, et certains coureurs peuvent préférer le porte-bidon qui laisse les épaules et le dos libres. Pour une utilisation pratique, veillez à ce que l'ouverture pour le remplissage soit simple (vissage), garantie d'étanchéité. Autre détail important, la pipette, qui assure le débit. Enfin, par temps très froid, veillez à ce que le tuyau d'alimentation soit protégé (isolation), au risque sinon de voir le liquide geler.

165

Les textiles modernes, hydrophobes et synthétiques, ont l'avantage de chasser l'humidité à l'extérieur de la fibre. La transpiration est ainsi évacuée, et de ce fait, ils sèchent beaucoup plus rapidement.

Un tee-shirt de ce type peut ensuite être associé à une polaire légère, voire un coupe-vent respirant. On conserve de cette façon les qualités d'évacuation de l'humidité. Ce qui n'est pas le cas du coton (matériau hydrophile). Ce système multi-couches est une bonne garantie de chaleur et de confort. Qualité appréciable l'hiver, dans des conditions venteuses ou en montagne où l'on risque de se refroidir rapidement.

CHAUSSETTES DE CONTENTION

Selon le même principe que les bas de contention, ces chaus-settes longues, apparues depuis quelques saisons, amélio-rent sensiblement le retour veineux. Sur les épreuves longues, elles amèneraient donc un réel confort au niveau des mollets. Mais les coureurs les utilisent aussi en phase de récupéra-tion, pour la même raison, le retour veineux et l'élimination (mécanique) des toxines au niveau des mollets.

Benoît LAVAL

(créateur de la marque Raidlight)

Coureur de raids et d'ultras, il a notamment inscrit la « Diagonale des Fous » à son palmarès et une série impressionnante sur le Défi de l'Oisans.

LÉGÈRETÉ = PERFORMANCE + CONFORT

« À mon avis, l'allègement du matériel reste l'évolution majeure de ces dernières années. En termes de performance, nous venons de finaliser une étude en laboratoire. La conclusion est sans équivoque : courir avec un sac de 5 kg au lieu d'un sac de 2 kg a un coût énergétique supplémentaire d'environ 6,5 %. Ce qui représente quatre minutes de gagnées par heure courue. Combien d'heures d'entraînement faudrait-t-il pour grignoter ces quatre minutes ? C'est dire le gain de performance.

Cela dit, il ne faut pas considérer l'allègement uniquement en terme de gain chronométrique. C'est également un facteur important de confort. Les randonneurs expérimentés ne s'y trompent pas, et même si vous ignorez le chrono, l'envie est au moins de vous faire plaisir, et ne pas souffrir d'échauffements ou de douleurs dorsales.

L'allègement a donc trouvé sa source dans l'évolution technique des matériaux. On trouve aujourd'hui des tissus coupe-vent de 30 g/m^2 alors qu'il y a dix ans les meilleurs pesaient le double. Mais la conception du produit, le mixage des savoir-faire (des tentes vers les sacs à dos, par exemple), les astuces et les tests de terrains sont aussi importants. Quant à la résistance de ces produits « light », les progrès sont également remarquables. Bien sûr, à comparer un composant « light » et un composant plus lourd, le lourd sera toujours plus résistant. Il n'en reste pas moins que les produits modernes ont beaucoup gagné en robustesse, à la condition d'être suffisamment soigneux dans la préparation du sac. Un critère de choix pour un bon produit léger sera le système de compression. Sans un cordon de compression efficace, et facilement réglable, le produit risque de ne pas durer longtemps. Les frottements intempestifs, autant sur le tissu que sur votre dos, auront vite raison des matériaux.

Enfin, en adoptant cette « light attitude », vous constaterez que les gains de poids s'additionnent, et qu'au final le bénéfice peut être de 30 à 50 %. Ce qui peut représenter plusieurs kilos.

Dans ma pratique sportive, je considère toujours le coureur comme prépondérant dans la performance, et je suis bien d'accord pour dire que ce n'est pas le matériel qui le fait gagner. Mais ne serait-ce que pour le plaisir et le confort, l'attitude « light » sera une réelle avancée dans votre pratique sportive. »

Ils ne sont pas toujours autorisés (voir compétitions FFA), mais en entraînement, ils apportent beaucoup de confort en descente et une efficacité réelle en montée. Si vous souffrez des genoux, leur utilisation est vivement recommandée pour vos descentes. Le transfert du poids sur le haut du corps permet d'alléger la contrainte au niveau de l'articulation (genou). Notez aussi que cet équipement a désormais bien évolué. Ce ne sont plus des bâtons de randonnée ou de ski qui vous sont proposés, mais des modèles légers, parfois en matériaux composites. Deux possibilités, les bâtons télescopiques (plus faciles à ranger) et les modèles fixes (les plus légers), mais à manier avec précaution lorsque l'on court en groupe.

Bien des progrès là encore depuis les premiers modèles et leur éclairage faiblard. Les frontales d'aujourd'hui éclairent loin, longtemps, et sont d'une légèreté de plume. Qui plus est les nouvelles ampoules LED assurent une meilleure luminosité et une résistance idéale aux chocs. La nuit promet d'être belle...

169

5

ANNEXES

En s'appuyant sur les tracés de 2008 -même si le choix est toujours subjectif-, ces quelques courses françaises offrent un panorama assez complet de la pratique, tant au niveau de la géographie, des distances que des terrains proposés. Notez aussi que le projecteur se porte souvent sur la distance principale, mais que les circuits « courts » offrent autant de motifs de plaisir, de découverte...ou d'efforts ciblés. Choisir le « petit parcours » peut s'inscrire dans une stratégie plus efficace que d'aligner « le long » à tout prix. Toutes distances et reliefs confondus, à consommer sans modération, pour le bonheur des yeux et des jambes.

TRAILS

LA MONTÉE DU GRAND BALLON

BRUTE DE DÉCOFFRAGE

Ce n'est pas un kilomètre vertical, mais ça y ressemble ! En deux temps et 1250 m de dénivelé, le Grand Ballon offre une ascension quasi parfaite. Dès le départ, il faudra donc gérer de gros pourcentages (Hohneck), récupérer un brin avant d'attaquer le Ballon lui-même et les balcons du col du Haag. À ce petit jeu, les meilleurs se sont frottés. L'an dernier d'ailleurs, l'épreuve alsacienne était au Grand Prix IAAF qui regroupe quelques-unes des plus belles grimpettes européennes. Élite donc, mais pas seulement. Chaque année, on compte bien 400 coureurs qui se coltinent le Ballon. De côtoyer l'élite n'y est sans doute pas étranger, tout comme l'occasion d'un beau voyage montagnard.

Début mai, 8, 5 km (fém.) et 13, 2 km (hommes), 830 m+ et 1241 m+.
Infos : Jean Alain Haan (03 89 73 61 16)

LE SPARNA TRAIL

CHAMPAGNE POUR TOUT LE MONDE

Elle clôture traditionnellement la saison des trails de l'Est. Un 50 km plutôt roulant (1100 m+), où il faut afficher de bonnes qualités de vitesse. Vu la distance, la chose n'est jamais évidente. Sur ce tracé champenois, pleines vignes, on distingue donc toujours d'excellents coureurs. Notez enfin la date, assez tardive, qui peut en faire un bon objectif de fin d'année.

Début novembre, 50 km.
Infos : B. Robinet (03 26 55 38 69)

172

L'ARDÉCHOIS

AU VIF DU VIVARAIS

Qu'elle se fasse dans un sens ou dans un autre, cette classique du Vivarais tient toujours le bon rythme. Depuis sa création (14 ans déjà!), Louis Chantre ne s'est jamais contenté de reprendre le même tracé. Et sa course semble gagner en qualité d'une édition sur l'autre. Pas de difficultés techniques énormes – Loulou privilégie toujours l'aspect « course » –, mais une répétition de grosses montées, entre 500 et 600 m+. Notez donc une option « courte », un rien plus réduite, mais qui ne perd rien de l'essentiel. Avec le Mézenc en fond de toile et les ruines de Rochebonne, cette Vivaroise s'en prend plein les yeux. Quant à son « final », bœuf en broche et bal dansant, il est un modèle du genre.

Début mai, 57 et 34 km, 2500 m+.
Infos : Louis Chantre (06 89 40 12 78)

LA MERRELL SKY RACE

CIELS DE CERCES

Elle a changé de nom (ancienne Fila), légèrement varié son itinéraire, mais elle reste toujours l'une des grandes balises montagnardes. Tout y est : des montées somptueuses (Galibier, Cerces,
Clarée...), des franchissements qui taquinent les 3000, de la descente
à n'en plus finir, la lumière en prime et des visions d'Ecrins carré-
ment sublimes. Mais attention à son démarrage. La remontée de la
Guisane, très roulante, est un vrai piège. Suit une ascension éprouvante du Galibier pour atteindre à peine la mi-course. Vous imaginez
la suite... À son palmarès donc, rien que des costaud(e)s, Corinne
Favre en tête, à elle seule déjà six victoires. N'essayez pas de la
suivre, et profitez du paysage !

Mi-juillet, 28 et 68 km (édit. 2008), 3500 m+.
Courir en Briançonnais, Patrick Michel (04 92 24 98 98)
Internet : www.trailserrechevalier.com

LE GUERLÉDAN

CA DÉCOIFFE !

Sacrément dynamique, la région bretonne ! Le Guerlédan en est un
bon exemple. En dix ans, l'épreuve de Saint-Guelven s'est forgée une
réputation nationale et pourrait facilement atteindre le millier de
participants. L'explication tient à son tracé (très) athlétique. Une
petite merveille de parcours, tout en relances, par une succession
de bosses et de replats. Il faut donc être fin prêt pour négocier les
52 km et leurs 1600 m positifs. Pour les coureurs d'Armor, la date
s'annonce comme l'un des moments forts de la saison. Quant aux
coureurs de montagne, ils y trouvent un excellent test de résistance.

Mi mai, 20 et 52 km.
Infos : Bernard Gautier (06 22 69 17 03)

LES 3000 ARIÈGEOIS

UNE ÉCHELLE SUR LE TOIT

Écoutez les Pyrénéens ! S'il est une course qui leur fait battre le cœur, ce sont bien ces « 3000 Ariègeois ». Versants sud du Montcalm et de l'Estats, son ascension à plus de 3100 mètres est déjà un monument du genre. Le secteur terminal notamment, par les crêtes, passait même à l'origine « pour une pure folie » (dixit, Bernard Piquemal). Et comme toutes les montagnardes, il faudra ensuite enchaîner 21 km de descente casse-pattes. Bref, du solide, mais avec l'esprit qui va avec. Car ces « 3000 » dépassent de beaucoup le seul cadre de la performance. Pendant une semaine, Auzat multiplie les activités, les concerts, les randos, les dégustations... Le cœur à la fête autant qu'à la course.

Troisième semaine d'août, 17 et 42 km, 2580 m+.
Infos : Office du tourisme, Auzat-Vicdessos (05 61 64 87 53)

LA 6000 D

MONUMENTALE

Sortez les superlatifs ! Cette 6000 D relève du mythe. De celles qu'il faut avoir courues au moins une fois. Depuis le fond de vallée, trois mille mètres d'ascension pour commencer. D'un étage à l'autre, quatre à cinq heures sont nécessaires pour rejoindre le glacier de Bellecôte (3050 m). Sourire des connaisseurs, sans doute le plus facile ! Parce que la descente à venir, tient d'une plongée dans l'inconnu. Aucun doute, c'est là que la course se joue, s'accepte ou se refuse. Les visages croisés à l'arrivée résument tous les mots (et les maux). De ce voyage, personne ne sort indemne. Lucidité donc, avant de prendre son dossard. Respect obligé !

Fin juillet, 55 km, 3000 m+.
Le samedi, trail des Deux Lacs (22 km, 1100 m+)
Infos : PEO, maison du Tourisme Aime (04 79 09 20 15)

176

COURONNES CORSES

De l'avis de beaucoup, l'une des plus belles, des plus engagées... et des plus dures aussi. Ne vous fiez pas à son kilométrage réduit, 28 km sur les deux jours. On est ici sur du profil de haute montagne ! Des montées taillées à la hache, du sentier à peine visible, des descentes d'apocalypse... Et en prime, cette course typée « montagne » se dispute sur deux jours, ce qui peut réserver de gros coups de pompe à un moment ou un autre. C'est dire si les vainqueurs sont toujours de vrais champions. On pensera à Mohammed Kabbache, le « maçon de Corte » ou à Dawa Sherpa.

Mi-juillet, 16 km (1er jour) et 12 km (2e jour) pour 3000 m+ cumulés. Inscriptions limitées.
Infos : A Rinascita, Grand raid Interlacs (04 95 46 12 48)

LA VALLÉE DE CHEVREUSE

BELLE FRANCILIENNE

À une trentaine de kilomètres de Paris, ce petit coin des Yvelines va surprendre les provinciaux. Voilà, dans le meilleur esprit trail, du parcours sauvage, bien cabossé, avec des alternances permanentes de terrains. Le parcours long enquille en fait une succession de vallons (Yvette, Remarde...), pour rejoindre à son terme les collines d'Auffargis. Ce qui donne une succession de montées, jamais très longues, mais usantes. Dans l'esprit des Templiers, sur un kilométrage un rien plus réduit, cette Francilienne tient le bon cap. Et le succès ne le dément pas, plus de 1100 coureurs à l'arrivée en 2008.

Début avril, 17 et 51 km, 2000 m+.
Infos : Asrtrail78, Rémy Mercier (01 34 84 97 28)

ULTRAS

L'UTMB

LA GRANDE MESSE

Il n'a pas fallu trois éditions pour que cette boucle du Mont Blanc taquine la légende. Elle est désormais l'ultra de référence, hypermédiatisée, capable de boucler son quota d'inscriptions en quelques minutes, et de focaliser toutes les ambitions. Mais au-delà ? La réalité du terrain d'abord, des sections de nuit terribles, les aléas de la météo, et cette incertitude, quel que soit le niveau du coureur, d'aller au terme. On s'embarque, en ne sachant jamais ce qui nous attend. La beauté du voyage est à ce prix. Quant à la préparation, elle est ici le premier écueil à négocier. Tellement impressionnante est la course, que l'erreur tient souvent dans le volume d'entraînement trop important. Un premier conseil donc, pour une découverte, n'hésitez pas à choisir le CCC (100 km).

Fin août, 165 km (9000m+) et 100 km (5200 m+)
Infos : www.ultratrailmb.com

LES TEMPLIERS

TERRE NOURRICIÈRE

Vous n'y couperez pas, les Templiers sont la balise obligée pour les pratiquants de trail. Depuis 15 ans qu'elle existe, la course de Nant fait référence. Tant par l'esprit (respect de l'environnement, autosuffisance du coureur, solidarités diverses...) que la difficulté (72 km et 3100 m+), elle n'a jamais dérogé à ses bonnes habitudes. Les organisateurs ont de plus la bonne idée de renouveler fréquemment leur itinéraire, ce qui permet d'explorer de nouveaux coins sur les Causses ou le mont Aigoual. Ajoutez à cela les autres courses, la musique, les animations, les colloques, ces trois jours de fête restent pour beaucoup le grand rendez-vous de la saison.

Fin octobre, 70 km, 3000 m+
Infos : Festival des Templiers (0820 20 22 52)
Internet : http://www.vo2.fr/templiers/

L'AUBRAC 2000

BURONS ET GRANDS PLATEAUX

L'autre grande course de l'Aveyron, par la même organisation que les Templiers, mais cette fois sur les reliefs nord. Ancienne épreuve hivernale, l'Aubrac 2000 prend désormais des quartiers d'été. Un parcours de longue haleine, du dénivelé en quantité (3200 m+ en 2008), elle emprunte pour partie le tour de l'Aubrac et le sentier de Compostelle. Si vous vous sentez un peu « juste », deux distances plus courtes (44 et 21 km), ainsi qu'une épreuve féminine (11 km), sont également proposées.

Fin juin, 85 km, 3200 m+
Infos : Marathon des Burons (0820 202 252)

LE GRAND RAID DE LA RÉUNION

TRAJECTOIRE MAJUSCULE

La « Diagonale des Fous » porte bien son nom. Cette traversée intégrale de l'île Bourbon multiplie les reliefs, avec ses grands volcans (Fournaise), ses volées d'altitude (Piton des Neiges) et ses chaudrons magiques (Mafate). Sur plus de 140 km, le voyage demande donc une approche très sérieuse. L'aspect montagnard notamment est à prendre en considération, d'autant que les conditions peuvent être rudes. Pour les amateurs d'ultra, voilà donc le terrain idéal, tant par l'amplitude que la technicité du parcours. Notez enfin, pour les néophytes, une variante plus abordable (62 km), bonne expérience avant de vous jeter dans le grand bain.

Fin octobre, 140 km, 8000 m+
Infos : Association Grand Raid (02 62 20 32 00)
Internet : www.grandraid-reunion.com

RAIDS

LA PIONNIÈRE

Dix-sept ans qu'elle existe ! Quand Laurent Smagghe trace pour la première fois ce tour des Ecrins (GR® 54), la chose passe pour une pure folie. Aujourd'hui, le Défi de l'Oisans est certainement l'épreuve repère des raids français. Elle a toute l'amplitude pour cela (200 km), des franchissements d'altitude (2700 m), et neuf vallées qui nourrissent le périple. On notera tout particulièrement l'étape entre Vallouise et Valgaudemar (55 km et 2800 m+). Ce morceau, à lui seul, mériterait une course d'un jour. Technique, physique, mais avec une assistance permanente (médecins, kiné, masseurs...) qui permet une approche plus confortable.

Fin juillet, 200 km en 8 étapes, 12 000 m+
Infos : Smag, Patrick Laval (01 45 98 86 37)
Internet: www.raidlight.com/smag

CORSICA COAST RACE

CONCENTRÉ D'ÎLE

L'île de Beauté est sans doute plus connue pour sa montagne. Rude, taillée dans le granit et le châtaignier... On en oublierait presque que la Corse est une marine. Et ce raid (6ᵉ édition en 2009) a su le démontrer. Entre le cap Corse et les falaises de Bonifacio, le voyage a tous les arguments d'une grande course. L'enchaînement déjà (180 km en 6 étapes) annonce la couleur, d'autant que le parcours alterne des séquences brèves, un marathon, des sections côtières (très) techniques et même une parenthèse de montagne. Mais le grand argument restera la découverte. Ce raid est une parfaite symbiose entre l'effort athlétique et l'idée de voyage.

Fin octobre, 185 km en 6 étapes.
Infos : Marc Lanfranchi, Acula Marina (04 95 51 33 14)
Internet : www.corsicacoastrace.com

TRANS AQ'

ESPRIT RAID

Dans son format et dans son esprit, elle est sans doute celle qui se rapproche le plus des grands raids étrangers, type « Marathon des Sables ». Sur un parcours très sauvage, en autonomie complète, avec des bivouacs quotidiens, les coureurs vont parcourir 230 km (6 étapes). En préambule d'une expérience saharienne, cette Trans' Aq constitue certainement la meilleure des expériences.

Début juin, 230 km en 6 étapes
Infos : Dunes Organisation (05 56 09 54 17)
Internet : www.transaq.fr

TOUR DU QUEYRAS

ROBUSTE

Sa Grande Traversée des Alpes (600 km) avait donné le ton. Philippe Delachenal est convaincu que nos montagnes « à nous » ont autant d'arguments que les lointains Himalaya. Avec ce Tour du Queyras, il s'est associé à Gilles Rostolan, autre bourlingueur, pour une bambée résolument costaude. Ce tracé de 250 km taquine les 16500 m+, et se négocie en six étapes. Faites vous-mêmes le calcul ! Pour celles et ceux que la trajectoire impressionne, notez également une formule plus légère (105 km et 5500 m+).

Début septembre, 250 km en 6 étapes
Infos : Philippe Delachenal, Courir et Découvrir (04 19 60 93 09)

Un peu plus loin encore ?

5

ANNEXES

COURSE NATURE (*) : Épreuve dont le kilométrage est inférieur à 42 km, avec des sections de bitume n'excédant pas les 25 %. Ravitaillements conseillés, pas de notion de dénivelé.

TRAIL (*) : Épreuve supérieure à 42 km, avec des sections de bitume n'excédant pas les 15 %. Ravitaillements conseillés, dénivelé proche des 2000 m positifs.

ULTRA (*) : Épreuve supérieure à 80 km, avec des sections de bitume n'excédant pas les 15 %. Ravitaillements conseillés, dénivelé supérieur à 2000 m positifs.

COURSE DE MONTAGNE (*) : Épreuve présentant un dénivelé minimum de 600 m positifs. La différence minimum d'altitude entre les points bas et haut est de 300 m. Le temps de course pour les premiers est compris entre 1 h et 1 h 15.
(*) D'après les indications données par la Fédération Française d'Athlétisme (FFA).

DÉNIVELÉ POSITIF ET NÉGATIF : Indique la différence métrique entre le point bas et le point haut (et inversement). Positive à la montée, négative à la descente.

ACIDE LACTIQUE : L'acide lactique, découvert par Charles Guillaume Scheele (1742-1786), est lié à la production d'énergie au niveau musculaire. Cette glycolyse se fait grâce à l'oxygène. Si l'apport est suffisant, l'acide lactique est consommé. Si l'apport d'oxygène est insuffisant, une partie de l'acide s'accumule dans la cellule, avant de se retrouver dans la circulation sanguine. Ce déchet de combustion est, entre autres, responsable des courbatures.

FARTLECK : Cette technique suédoise consiste à alterner les vitesses, selon le terrain et l'envie. Elle peut se pratiquer de façon plus ou moins codifiée, en jouant sur les montées (accélération), les descentes (récupération), et sur des durées variables... Une alternative aux séances sur piste, et qui se prête bien au terrain nature.

FCM (FRÉQUENCE CARDIAQUE MAXIMALE) : Le rythme auquel le cœur peut battre le plus rapidement. Une formule simple pour les débutants permet de la déterminer : 220 pour les hommes et 226 pour les femmes, moins l'âge. Autres moyens, les tests d'effort (laboratoire ou piste). Le test peut se pratiquer sur 1000 mètres, avec les 200 derniers mètres à pleine vitesse. Prendre alors ses pulsations. C'est donc à partir de cette fréquence cardiaque que l'on détermine ensuite les allures d'entraînement.

FCM	VMA 91 à 100 %	RÉSISTANCE ACTIVE 80 à 90 %	ENDURANCE 65 à 79 %
200	182 à 200	160 à 180	130 à 158
195	177 à 195	156 à 175	126 à 154
190	172 à 190	152 à 171	123 à 150
185	168 à 185	148 à 166	120 à 146
180	163 à 180	144 à 162	117 à 142
175	159 à 175	140 à 157	107 à 138
170	154 à 170	136 à 153	110 à 134
165	150 à 165	132 à 148	107 à 130
160	145 à 160	128 à 144	104 à 126

FRACTIONNÉ :

Pour le coureur urbain, cet entraînement sur piste permet d'alterner les séquences rapides et les phases de récupération. On peut ainsi construire des séries en résistance dure (100, 200, 400) ou des enchaînements plus longs sur 1000 ou 2000 m. La séance se pratique donc sur des rythmes élevés (90 à 95% de la FCM), avec des récupérations actives (65% de la FCM).

PPG : Préparation physique générale, l'ensemble des exercices à caler en début de saison, qui permettent de se renforcer. Montées de genoux, bondissements, talons-fesses participent à la tonicité des futurs appuis. À pratiquer sur un sol souple (pelouse, piste) et de réduire ainsi les impacts.

SEUIL AÉROBIE : Effort en endurance (65 à 79 % de la FCM). La respiration suffit à fournir l'oxygène nécessaire à la synthèse de l'ATP (adénosine triphosphate).

SEUIL ANAÉROBIE : Effort en résistance (à partir de 90 % de la FCM). La respiration n'est plus suffisante pour la transformation de l'ATP. L'opération se fait alors au niveau du muscle. Il y a combustion et production de déchets (acide lactique).

VMA : La vitesse maximale aérobie est celle que vous pouvez atteindre au maximum de vos possibilités cardiaques et respiratoires. Pour progresser, ces séquences courtes (entre 400 et 3000 m) sont utiles et permettent d'augmenter votre vitesse en course, de même que votre confort à des allures intermédiaires.

VO2 MAX : Déterminé en laboratoire, il indique le volume d'oxygène maximum qu'apporte votre respiration. Ce chiffre s'exprime en litre par minute et par kilo de poids (ml O_2/kg/mn). À partir de là, on a une indication de vos capacités. De cette donnée, dépend pour partie le potentiel du coureur.

191

BIBLIOGRAPHIE

Jean-Bernard Paillisser,
MONTAGNE ET COURSE À PIED
Éditions Glénat

Gilles Grindler et Raymond Joffre
COURIR EN MONTAGNE
Éditions de Belledonne

Isabelle Guillot et Serge Moro
COURIR GRANDEUR NATURE
Edior éditions

Guy Giaoui et Foued Berahou
GUIDE PRATIQUE ULTRAMARATHONS À ÉTAPES
Éditions Raidlight

Collectif
GUIDE PRATIQUE DU TRAIL
Éditions Run in Live-VO2.

Bruno Poirier, Bruno Ringeval et Yves Marie Quemener
HIMALAYA, COURIR LE CIEL
Éditions Run in Live-VO2